24則感情法律學分，教你避開陷阱，降低傷害，遠離戀愛鬼故事

誰說只是約會，你就不用懂法律？

無糖律師
著

〔推薦文〕

一位強勢助人的「不甜」律師

雷浩斯／價值投資者、財經作家

無糖律師坐在我對面，一頭長髮、黑色套裝、超時尚的墨鏡，氣場驚人。不知者還以為她是哪邊的明星藝人、時尚網紅或女企業家。

都不是，她是我的法律顧問，也是我從事專業投資人職涯生活以來、少數會一起討論投資的人。

波克夏公司的副董事長、同時也是股神巴菲特的搭檔查理．蒙格曾說過一個概念：在投資產業，你要有一個能討論交流的對象，這個人必須和你是對等的關係，而不是上下關係，而且能夠真正給你有用的討論品質。

無糖律師兼具法律與併購的專業，以及毫不退讓的深度思考力，是我最好的投資討論對象。我會把寫好的個股研究報告傳給她，她會針對裡面的會計項目和觀點一條一條地和我討論。

大多數的情況下，我們的看法都很接近。當我們的意見不同時，她不會爭對錯，而是會說：「你的想法很棒！讓我有機會思考到不同的面向。」接著她會提出另一個我沒想到的思考點，整個破除我的盲點區。這種「一加一大於二」的腦力加成效果，在我認識的朋友中，是絕無僅有的。

除了想法接近外，堅持有所為，有所不為，也是我和無糖律師的共同原則。她曾硬生生推掉可以收當事人許多諮詢費的大案子，只因不認同當事人的所作所為。我也只認同能帶給投資人利益一致的正確資金管理，反對那些只圖利自己、不創造價值的金融界行為，即使這樣少賺了很多錢，也毫不在乎。

多數人可能覺得律師只用理性行事，不近人情，但這在無糖律師身上並不成立。她看似強勢性格，其實是強勢助人，尤其對於帶著家務事上門求助的當事者，她總有著多一分的感性與同理。時尚外表底下是敏感又堅毅的一顆心，還有過人的行動力。她在百忙之中寫出這本結構嚴謹的書籍，不是為了行銷自己，而是為了讓多數的人能夠避開可能產生的法律問題。

市面上的法律書，大多以離婚相關事件為主，無糖律師則從男女戀愛、約會階段就可能發生的法律糾紛開始思考，以事先防範的角度來追求人生的幸福。

本書分為四大部分，從追求、交往、分手到婚前，一口氣囊括了從戀愛到想婚之時的必修學分。只要充分閱讀本書，就能體會到無糖律師的苦口婆心。

本書適合以下三種讀者：

如果你遇到了書中提到的某個法律問題，那麼很幸運的，書中有你想要的答案；更幸運的是，你能連帶先預習其他課題。

如果你是法律系學生或實習律師，有志走向法律專業一途。你可以從中看到律師工作上的點滴應對，以及在幽默笑點之外的甘苦。

如果你是一個熱愛閱讀的人，除了法律知識之外，還可以體會到人生百態，以及其中難以取捨的決策思考。

希望這本書除了帶給你生活中不可或缺的法律知識，同時也能夠破除你思考上的盲點區。

〔推薦文〕

在踩線之前，先理解防線

蘇益賢／臨床心理師、職場企業講師

最近這幾年，我常至企業分享「職場不法侵害」，這個聽起來很硬的題目源自勞動部法規，其實就是大眾多少耳聞過的職場霸凌，包含肢體暴力、言語暴力、心理暴力，以及性（別）騷擾等。儘管各單位開設此課程的立意不盡相同，但我們確實發現，無論是出於有意或無意，人與人之間互相「踩線」的情形，在現代社會中愈來愈常見。

在預防互相「踩線」的課程中，我多半會從「人際界線」的角度出發，讓聽眾理解與人相處時需要留意哪些「鋩角」。在心理學當中，界線是指每個獨立個體認定他人行為的一套準則，即他人怎樣的行為是我可以接受的，怎樣的行為則是我所不能接受的。

許多人際紛爭與衝突，多半是因有些人主觀認為：自己可以接受的互動方式，別人應該也能接受，忘記了人與人的想法可能不盡相同。若抱著這樣的信念一意孤行，「踩線」的情形就會發生。而當踩線的程度較為嚴重，法律就成了保障彼此界線的重要手段。

在我的觀察中，多數人都能理解暴力、謾罵、性騷擾是絕對不被允許的，這種行為不僅踩到我們自己的界線，也會踩到別人的界線。但在談論到關於性別之間的相處、追求、交往時，就很容易出現歧見。彼此聊一聊之後，大家才意識到，某些自己覺得可以的行為、言語，其實仍有許多人覺得不妥，反之亦然。

《誰說只是約會，你就不用懂法律？》一書囊括了從追求、交往到婚前，乃至於一段關係結束，這所有歷程中最容易引發的糾紛，也就是嚴重踩線的狀況。透過律師的角度，讀者將看見那些似是故事、卻可能真實存在的人際互動，以及最後那條防線——也就是法律——如何分析那樣的情況。

當然，在動用到法律這條最後防線前，我們也能透過這些案例，重新思考人與人之間相處的界線。倘若能帶著互相尊重、充分溝通的心法與人相處，多數時候都不會出什麼問題。但反過來說，有時即便我們帶著善意，也確實需要多了解一些法律知識來保護自己。畢竟，在第一時間，無人能斷定來者是否不善。

感謝作者無糖律師的分享，讓我收穫滿滿！誠摯邀請讀者一起透過本書裡的各式案例，同步培養法律知能，也藉此一邊思考人際界線的拿捏，以及自保的藝術。

專家好評

人人常說「情理法」，在大部分人的生活中，的確是把情放在前面，把法放在後面。很少人會在婚前拿出協議書來把權利寫清楚，更沒有人會把情人的禮物拿來公證贈與契約，因為「不浪漫」，因為怕「傷感情」。

然而情逝以後，在法律事務所見到的，往往是更凌駕於法理之上的情緒。《誰說只是約會，你就不用懂法律？》一書中羅列了二十四種常見的感情糾紛，就是要告訴你——理性的浪漫往往比一頭熱的狂戀更持久，更值得信任。

所以，決定愛之前，先想想自己的侷限及界線，有保留的愛其實比你想像的更迷人，更叫人難以拒絕。當你明白自己的底線是什麼，對方就會在你的底線之上，給你剛剛好甜蜜的愛。保護好自己，也等於是提醒自己永遠有選擇愛或不愛的權利。一本「談情說愛」的法律書，其實是教你如何好好愛的索引。

律師娘（林靜如）／作家、人氣粉絲團版主法律，對我們來說像是某個晦澀難懂、好似屬於知識分子才能理解的專業。

我有一位朋友曾在夜店和某位女生發生關係，睡醒後遭女方和其男友仙人跳，表示不給錢就控告性侵，讓他有苦難言，後來經律師建議以十幾萬元與對方和解。雖然朋友至今堅稱自己無辜，但真相到底為何，確實只有他與女方知道。

翻開《誰說只是約會，你就不用懂法律？》一書，發現無糖律師就有針對類似案例提出建議。讓我感嘆如果朋友提早遇到這本書，或許就有提前預防的方法。

從網路公審、夜店撿屍、恐怖情人到包養小三，無糖律師以深入淺出的文字，闡述各種「情、愛、欲」的翻車事件，那些案件往往就發生於你我身邊。書中的分析讓我明白生活細節處處是法律，一旦了解的法律知識愈豐富，就愈容易避開情感裡各種不必要的麻煩。

高瑞希／作家

不是故意，只是太愛你？不，你已踩線至法律邊界。我們對於愛的意亂情迷，跨越身體界線是否達到合意，又是另一番各自表態。

社會亂象中的報復式色情、毀滅式爆料，八點檔似的感情詐騙、金錢糾紛，甚或新型態的交友約炮、夜店撿屍，這都離我們並不遠。合得來則兩情相悅，合不來則告侵害索賠，要趨吉避凶，你得來讀讀法律。

在《誰說只是約會，你就不用懂法律？》一書中，二十四個接地氣的情愛糾葛，無糖律師寫出你內心因愛痴狂的獸，更撞見各種得寸進尺的情感剝削。最初只是渴望被喜歡、欣賞、看重、理解，卻落入鬼故事情節，怎麼釐清錢與權、占有與妒忌、比拚與較勁之間的關係，排除原告與被告之間的道德判別，在這考驗人性的案發現場，這本書將啟發你不一樣的思考。

黃之盈／諮商心理師

社會上對於「愛欲」這檔事，總是諱莫如深，即使在看似開放的現代亦然。影響所及，大眾對於與「愛」、「欲」有關的法律責任也缺乏了解，看在律師眼裡，有時也忍不住焦急。

從交往前的示好、追求行為，交往時的金錢交集、肢體接觸、性行為，乃至於結婚前後的大小事情，無一不與法律有著千絲萬縷的關係。一不小心，就要付出代價。還好，世界上仍然有美好的事情發生，就像無糖律師為善男信女寫了這本法律書一樣。

誠摯建議，在瘋狂研究對方生辰命盤、星座解析之前，抑或在夢想兩人交往、擘畫婚姻的美好之時，也請把這本書列入研讀清單。也許，可以少走很多冤枉路。

賴瑩真／律師

活在現代，人與人之間的複雜關係已超越前所未有，各種形式、型態、過程都可能讓你遇到始料未及的陷阱和傷害。單憑「我不害人，人不害我」的清流信念已不能保證讓你趨吉避凶、逢凶化吉。我認為，唯有多了解自我保護之道，包括法律知識和能力，才能及時為自己創造自保的機會，也擁有正確的判斷。

這是一本現代善男信女都需要好好了解的情感法律知識書，建立好的法律素養，益人益己，能避免自己捲入情感關係紛爭，擺脫惱人的糾纏和消耗，不再賠上自己寶貴的陽氣人生。

推薦給你。不論你是否正在情感路上，對情感關係有關的法律理解，也是我們全體社會都需要建構的公民素養。

蘇絢慧／諮商心理師

目錄

PART 1

追求篇

PART 2 交往篇

PART 3 分手篇

PART 4
婚前篇

〔自序〕

Smart is the New Sexy! 法律，不用等到無可挽回時才了解

謝謝拿起這本書的你，雖然你可能只是被我的馬甲線吸引。

你出生在一個幸福的家庭嗎？

我不是。

我對親生父母互動的唯一印象，是母親抱著當時還年幼的我，和父親在傳統公寓的樓梯間大吵，邊咆哮邊推打對方。母親還必須邊穩住身子，邊忙不迭地抱著懷中的我下樓。現在回想起來真是危險動作，幸好當初沒有發生意外，不然你現在可能也看不到這本書了。

許多事情我們都會努力，甚至防患未然。為了追求健康，我們會吃得營養、適度運動、定期做檢查。那愛情呢？

「情、愛、欲」對一個人的生命占著頗有分量的比重，有時更左右了一個人快樂與否，但在追求、交往過程中，難免會有「使力不當」或是誤會的情形，更有可能是在感情觸礁時放任、隨便處理，造成無可挽回的傷痛與遺憾。

對於情、愛、欲的潛在傷害，我們是否能防患於未然？

或許你沒想過，自己明明只是無心之舉，卻可能帶來橫禍，甚或牢獄之災；明明可以早一步確認對方是渣男或渣女，讓自己少走一點冤枉路，但總是選擇默許對方的殘忍。

某一個寧靜的午後，事務所來了一位哭哭啼啼的女孩，邊哭邊喊道她不想活了！一問之下才知道，原來她已經愛情長跑多年，原本預計結婚的男友，早在兩年前娶了別人，還生了孩子。這段期間她一直被蒙在鼓裡，不只從正牌女友變小三，還為這名男子墮胎了不只一次。

很少人是開心地來找律師。像這名女孩一樣，帶著各種難以啟齒的遭遇、傷心憤怒又不知所措地走進事務所的紅男綠女，不勝枚舉。人財兩失、身體傷害、威脅恐嚇、跟蹤尾隨、隱私外流……作為一名律師，對這些「劇情」理當見怪不怪，奇怪的是，我卻常常回想起那一天，乍然瞥見女孩手臂上一道道驚悚的自殘刀痕，當下那怵目驚心的感受和說不出口的心疼，一直縈繞在我腦海，久久不能退去。

如果說原生家庭的痛是讓我想寫下這本書的種子；那麼這名女孩手臂上的累累傷痕，也許就是讓種子萌芽的觸發點吧！

我們都知道，愛情，沒有道理，無「法」可管。但我也開始思考，如果人們可以找到丁點線索，看到些許警訊，識別出糖衣下的慢性毒藥，因而得以提早結束一段不開心的關係，甚至避免痛苦的下半輩子，豈不是美事一樁？

又如，在親密關係中，我們懂得採取保護措施，以免不小心「鬧出人命」。同樣的，懂得一些法律知識，也能讓我們在放膽追求愛與欲時趨吉避凶、保護自己。

正所謂「Smart is the New Sexy」，現代時尚又摩登的你，準備好走在性感新潮流的尖端了嗎？

在這本書裡，我梳理了攸關情、愛、欲的法律議題，依著感情發展的時序，逐一展開。

從一開始愛苗滋長時，什麼樣的追求是發乎情，止乎禮？怎麼樣才不被愛蒙蔽雙眼而受騙上當？如何求愛比較安全，不會不小心惹禍上身？

到戀人如火如荼的交往階段，如何拿捏好彼此的隱私界線？不對等的關係可能會造成什麼問題？怎麼在享受歡愉的同時，保護自己的身體，甚至是生命？

當愛情熄火時，如何面對不理性的分手？如何處理瘋狂的前任？如何拿回本屬於自己的東西？如何撫平受傷的一顆心？

甚至在愛情平穩時，有人想繼續，有人想退場。遇到遲遲不肯結婚的人該怎麼辦？遇到不是真心要和你結婚的人怎麼辦？真的要結婚了，又該怎麼辦？

醫師經常告訴大眾，預防勝於治療。在寫書的過程中，我總想著：那律師呢？如何定義一個好律師？我認為不是打贏了多少官司。能夠幫人們避免掉不必要的官司，幫當事人找回內心的平靜，才是我心目中好律師的定義。

一直以來，我對自己的期許是希望人們在離開事務所大門之時，能夠悲傷少一點、開心多一點。

我想，這也是我寫這本書的初衷。讓世界少一點不幸福，多一點快樂。

並且這次，我是站在「預防」的角度出發，而不是等到一切無可挽回時才為當事人出手。即使白天忙到精疲力竭，下班後還得挑燈夜戰，當初發願的信念一直支撐著我度過無數個寫稿到深夜的夜晚。

期待看完這本書的你，可以距幸福更近一步，離災難更遠一點。那麼，我寫這本書也就有了意義。

PART 1 追求篇

愛苗滋長時，
什麼樣的追求是發乎情，止乎禮？
怎麼樣才不被愛蒙蔽雙眼而受騙上當？
如何求愛比較安全，不會不小心惹禍上身？

01 ｛跟蹤騷擾｝

我好喜歡你，你怎麼可以不喜歡我？

「律師，我被這個傢伙搞到快要去身心科門診掛號了！三不五時送花到辦公室，晚上還會打未顯示號碼的電話，然後在電話那頭莫名喘氣。我雖然冷處理，但也不知道他下一步會做出什麼事……太可怕了吧，我該怎麼辦？」

一名長相清麗的年輕女孩，紮著一頭馬尾，打扮率性，看來是個單刀直入的女生。一直被不喜歡的人如此糾纏，想必她一定覺得很困擾吧。

「請問一下，您認識這位愛慕者嗎？」姑且先稱之為愛慕者吧，從女孩口中得知他的所作所為，叫他變態應該也不為過，我心底不禁這樣咕噥著。

「雖然不是很確定，但是我隱約猜得出來他是誰。半年前，我在工作上認識了協力廠商業務代表，那時就有一位男士不斷約我出去。因為我都沒答應，他之後也沒再聯絡了。但再過沒多久，我就開始接到不明來電，也在辦公室收到不具名的花束。」

「這樣子啊……不過恐怕有點難確定這個打電話的人和送花的愛慕者就是他呢！請問還有沒有多一點的資訊，讓我們比較能確定呢？」

女孩陷入一陣沉思，彷彿要鼓足勇氣才開口。

「其實……那些不具名的花束，最近還附上了小卡片，上面的內容真的讓人……印象深刻。像是：『你昨晚有聽到我興奮的聲音嗎？』『我那麼優秀，你為什麼要拒絕我？』」

早上吃下去的牛肉可頌，我差點沒吐出來。這些肉麻入骨的話，真是讓我狠狠噁心了一把。

「律師，我上次拒絕別人是五年前的事情了，而這些莫名其妙的事又都是遇到這個人之後才開始發生的，最有可能的就是他了。」女孩一邊說，眼睛還一邊射出偵探般的光芒。

「很好。這些小卡片，您都有留下來嗎？」

「有的，我都有留著。」

太好了，這樣就有機會循線追查愛慕者留下的蛛絲馬跡。不具名送禮和未顯示號碼來電，看起來似乎無解，但真的是這樣嗎？法律，能否讓藏鏡人現身呢？

∞「我是好意要保護你」是否真能定義為「好意」？

妮妮是一名剛畢業的社會新鮮人。因為才貌出眾，主管與同事都對她疼愛有加。最近妮妮頗為困擾，原來一名與她共事的男同事小倫一直堅持追求她，從剛開始委婉邀請她共進晚餐，到後來激進地每天一路跟車，尾隨她回家。

妮妮不勝其擾，屢次勸說小倫不要再一直跟著她。怎知道小倫理直氣壯地說：「護送心愛的人安全回家，難道有錯嗎？」妮妮不知道如何是好，於是找上了律師朋友幫忙。

類似妮妮的經歷，你我身邊的人可能也發生過，甚至親身體會。不論你是「愛不到」的那位，或是「被愛到」的那位，這樣的經驗都不是很美好。多少痴情男女美其名「守候」心中愛慕的對象，但其實是追求不到，就意圖死纏爛打，從一開始注意對方的一舉一動，慢慢演變成像追星般追到一個定點，到最後一發不可收拾，盯梢、尾隨、打神祕電話、送匿名禮物等，一不小心就成了傳說中的「痴漢」、「花痴」。

小倫振振有辭地回妮妮：「護送心愛的人安全回家，難道有錯嗎？」

這句話表面上聽起來好像沒有錯，但這句話的前提要件並不成立。首先，妮妮從不曾向小倫表示過她需要這種形式的「保護」；再者，妮妮並沒有想成為小倫心目中那位「心愛的人」。

收到一件匿名禮物，也許剛開始會很驚喜，但如果連續收了好幾件匿名禮物，收禮的人應該會感到不大對勁，甚至覺得毛骨悚然。即便知道是誰送的禮，但不喜歡這個愛慕者，無法持續接受這樣的心意，也會有所負擔吧！

「謝謝你的愛，但這種形式的愛實在令人無福消受。」這可能是所有遇過瘋狂愛慕者苦主們的心聲。

至於貼身護送、近乎瘋狂地關注等，表面上看似無害於愛慕對象的行為，但當我們進一步探究這種行為的影響，其對當事人造成的心理壓力多半遠大於他們所感受到的幸福感。對這些被瘋狂愛慕的當事者而言，感受到的恐已不是對方的「好意」，而是惡意和恐懼。此類不理性的追求行為，法律上有辦法阻止嗎？

∞跟蹤騷擾防制法，對八大行為說不

以前，對於前述愛慕者的「好意」，法律往往愛莫能助。收了一堆莫名其妙的禮物後去報警，警察可能會安慰你：「有人送禮是好事，你就開心收下呀！」接到無聲匿名電話而報警，警察可能會告訴你：「很抱歉，我們幫不上忙，因為對方沒有說出任何會危害到你安全的話語。」而像妮妮這樣，老是被小倫「跟車護送到家」，若妮妮去報警，在新法正式施行以前，警察頂多只能對不當行為人予以「口頭勸說」，無奈此類勸說常常船過水無痕，並不能實質有效地嚇阻小倫這樣的行為。

有鑑於此，「跟蹤騷擾防制法」（下簡稱「跟騷法」）在二〇二一年十二月一日公告，二〇二二年六月一日正式上路。跟騷法第三條規定，若「反覆」或「持續」地對特定人進行「違反當事人意願」且和「性或性別」有關的行為，使對方恐懼到足以影響其日常生活或社交活動時，警察機關便可介入調查。

這些行為包含：

一、監視、觀察、跟蹤或知悉特定人行蹤。

二、以盯梢、守候、尾隨或其他類似方式接近特定人之住所、居所、學校、工作場所、經常出入或活動之場所。

三、對特定人為警告、威脅、嘲弄、辱罵、歧視、仇恨、貶抑或其他相類之言語或動作。

四、以電話、傳真、電子通訊、網際網路或其他設備，對特定人進行干擾。

五、對特定人要求約會、聯絡或為其他追求行為。

六、對特定人寄送、留置、展示或播送文字、圖畫、聲音、影像或其他物品。

七、向特定人告知或出示有害其名譽之訊息或物品。

八、濫用特定人資料或未經其同意，訂購貨品或服務。

因此，如果小倫現在仍持續以「跟車護送」為由追蹤妮妮回家，已經符合前述的監視跟蹤、盯梢尾隨、不當追求等跟騷行為。

而回看一開始那位持續打匿名電話、送匿名禮物給年輕女孩的愛慕者，也已符合前述的通訊騷擾、不當追求和寄送物品等跟騷行為了。

∞違反跟騷法的法律後果

只要被害人因為跟騷行為而報警，警方即可開啟偵查程序，若行為屬實，警方可依據跟騷法第四條第二項，依職權或依被害人請求核發「書面告誡」給做出跟騷行為的行為人。

一旦有此書面告誡，該行為人若在兩年內再次行使跟騷行為，被害人可依跟騷法第五條第一項向法院聲請核發「保護令」，禁止行為人向被害人做出任何跟騷行為。依跟騷法第五條第二項，不只是被害人，檢察官或警察機關也得依職權向法院聲請保護令。

值得注意的是，依跟騷法第十八條第一項「跟蹤騷擾罪」實行跟騷行為而犯罪者，可被處一年以下有期徒刑、拘役或科或併科十萬元以下罰金。本罪是屬於「告訴乃論」，亦即被害人須提出告訴，法律才會追究。

但如果行為人是攜帶凶器或其他危險物品來進行跟騷行為的話，馬上升級為同條第二項的「加重跟騷罪」，本罪為「非告訴乃論」，刑度也加重為五年以下有期徒刑，就算被跟蹤騷擾的一方不打算提出告訴，法律仍要偵辦調查。白話文來說，如果拿刀、拿棍、拿大鎖等危險物品強逼心儀對象就範，就算對方願意原諒你，法律也會對你追究到底！

若行為人觸犯了跟蹤騷擾罪後仍不知悔改，繼續向被害人為跟騷行為，進而違反當初為保護被害人所核發的相關保護令。此時，依跟騷法第十九條，行為人會被處以刑度更高的三年以下有期徒刑、拘役或科或併科三十萬元以下罰金。

愛不到，就別再死心眼地一直跟縱騷擾，法律後果可是會愈來愈嚴重的！

會客室外的律師真心話

話說「烈女怕纏男」，若不幸遇上騷擾的人，可要懂得聰明保存證據。例如保留有郵戳的包裝資訊、對方發送的騷擾訊息、來電紀錄等。切莫因為看了心煩，就把訊息和來電紀錄全部刪光光。

也別以為只有狂熱示愛的追求者會與跟騷法扯上關係，跟騷法也進一步把恐怖舊情人、極端性別主義者（如沙文主義、反同者）等都納入規範。舉凡前男友或前女友為求復合，長期傳送騷擾簡訊、打電話疲勞轟炸，甚至監視住居所、工作場所，也都已經違反跟騷法的規定了。

02 {約會強暴}

「不要」就是不要，怎麼會變成「其實你想要」？

「早安，請問您找哪位？」

「我……那個……」一位小女生囁囁嚅嚅，似乎還在猶豫著什麼。許多當事人第一次進法律事務所，都一付驚恐害怕的樣子。「沒關係，等您準備好了，隨時按這個鈕，就會有人幫您開門囉。」我指了指門鈴處，再送上招牌的溫暖微笑。

不知道是不是我的微笑太溫暖，小女生突然迸出一句：「我找謝律師！」也難怪小女生會緊張了，謝律師向來以嚴肅聞名。

「請問您和謝律師有約嗎？」

小女生似乎終於下定決心，用力地點點頭。

一邊示意助理把小女生領進會議室，我一邊飄進謝律師的辦公室。

「謝律師，你的當事人到了哦，是個長得很可愛的小美女呢！」

「知道了，謝謝。」謝律師順手拿起桌上卷宗，接著打開邊櫃，拿出抽取式衛生紙和礦泉水。這動作引起了我的好奇，本所會議室都已備有面紙和礦泉水，會特地多拿就表示……

「謝律師，通常只有兩種情況，會讓你多準備這兩樣東西。一是離婚案，二是強暴案。那個女生很年輕，看起來應該還沒結婚。難道她被……」雖然我沒有說出「強暴」二字，但恐怕八九不離十了？

「我嚴重過敏加感冒，醫生叫我多喝水，不行嗎？」一向守口如瓶的謝律師瞪了我一眼，顯然是在警告我別多管閒事。

「好吧，希望你幫助這女生討回一個公道囉！」沒戲可唱了，我摸摸鼻子，準備退下。

謝律師沒說話，卻轉頭給我一個耐人尋味的笑容。哦！這個不失禮貌的微笑意味深長，每當謝律師露出這招牌表情，就代表好戲即將登場。

大野狼本想調戲小紅帽，沒想到小紅帽找了一名大律師來教訓大野狼。這齣戲會如何進行下去？大野狼最後會夾著尾巴進法院嗎？

∞ 我說「不要」，就是真的不要！

阿布暗戀小雲許久，情人節快到了，決定把握機會向小雲告白。阿布先是悉心準備了燭光晚餐和禮物，也把房間整頓了一番，心底暗自決定若一切順利進行，情人節之夜就能一舉奔回本壘板。

酒足飯飽之後，阿布帶小雲返回其住處，兩人浪漫接吻，阿布突然大膽向小雲身體進攻。小雲覺得阿布的舉動太過突然，自己也還沒準備好發生性行為，便一直推開阿布，同時不停說著「我不要」。這時，阿布想起某知名戀愛導師 YouTuber 說過一句話：「女生的不要就是要，女生的要就是她超想要！」於是用力扯下小雲的衣服，強行奪取了小雲的初夜。

小雲的衣物在過程中被撕破，下體更因為阿布的動作粗暴而受傷，流血數日不止。

不知道是偶像劇看太多？還是霸道總裁的形象深植人心？許多似是而非的戀愛教戰守則、都市傳說在坊間流傳著。然而在現實裡，「女生的不要，就是不要！」因為很重要，請把這句話念三遍。

在性愛求歡的過程中，若任何一方有一點點遲疑，甚至抗拒，那意思就是請另一方停下目前正在進行中的所有動作。若不停止，恐怕會惹罪上身。

小雲已經表示她不想和阿布發生性行為，但是阿布仍然強行利用身體上的優勢霸王硬上弓。這種違反對方意願和性自主權、迫使對方與自己發生性行為的舉動，已經構成刑法第二百二十一條第一項的「強制性交罪」，可能面臨三年以上十年以下有期徒刑。

∞答應去你家，難道就等於答應上你的床？

小傑對同事萍子頗有好感，最近萍子準備轉職，大家為她舉辦了一場盛大的歡送會。歡送會結束後，小傑放手一搏，向萍子表達心意。燈光好，氣氛佳，加上酒精催化，小傑大膽索吻，見萍子沒有抗拒，小傑頓時信心倍增，決定趁勝追擊。

小傑邀請萍子到家裡喝杯茶醒酒，萍子不疑有他，遂與小傑一起返回其住處。小傑其實常常上約炮軟體，在住處一直備有催情藥為「助性」之用。小傑知道有這一神藥加持，通常都能成功從客廳滾上床單。這次，小傑又依樣畫葫蘆，把催情藥加入萍子的「醒酒茶」裡。

不久，萍子陷入藥效而意亂情迷，小傑欺身而上，開始撫摸萍子私處並試圖解開萍子衣物。萍子覺得狀況不對，一陣奮力抗拒之後，終於掙脫並躲進廁所，並且立刻打電話向好友求救。幸好朋友即時趕到，拯救了萍子逃離狼爪。

很多人以為「對方願意和我回家」，就等同於「願意和我發生性行為」，甚至還會用「如果當初他沒有想和我發生關係，何必跟我回家」來合理化自己的逾矩行為。這不是事實，僅是當事人自行幻想、「腦補」的結果。

在性事上，有些人會買「春藥」助性，但如果是在另一方不知情的情況下，對他人「下藥」，這舉動更會產生嚴重的法律後果。依刑法第二百二十二條第一項第四款，以藥劑犯強制性交罪者，會成立「加重強制性交罪」。最高法院實務見解指出：「所稱藥劑，不以傳統上具有催情作用之藥劑為限，兼含迷幻、興奮劑及安眠、鎮靜劑等，祇要足以致人無法或難以自主決定、自由表達性意願，或超越正常表現性慾念者，均已該當。」

小傑在萍子不知情的前提下，把催情藥加入萍子的飲料中，目的在於讓萍子意亂情迷，好讓兩人比較容易發生性行為。不論用的是催情藥、安眠藥、興奮劑或其他類似藥品，只要行為人使用的藥劑足以讓他人無法自主決定或影響其性意願，就會成立加重強制性交罪。此罪法定刑是高達七年以上的有期徒刑，切莫因一時「性」起而悔恨終身。

∞強制性交與加重強制性交的未遂犯規定

萍子的友人及時趕到，導致小傑原本的計畫未能得逞。但小傑並不會因為沒有性侵到萍子就全身而退。無論是強制性交罪或加重強制性交罪，都有處罰「未遂犯」的規定。

「未遂犯」是指有犯罪故意的行為人，已經開始著手於犯罪行為的實行，只是最後犯罪未能得逞。雖然小傑最後只有摸到萍子私處，並沒有強制性交成功，但因小傑一開始就以強制性交為目的，以對萍子下藥為不法手段，試圖脫除其衣物並撫摸其下體。在法律評價上，即認為小傑已經開始「著手」預想中的犯罪行為。

縱使小傑最終未能「滾上床單」，但因他已開始著手加重強制性交犯罪行為，法律會評價小傑已然成立未遂犯。刑法上，並非所有罪都會處罰未遂犯，然而對於惡性重大的強制性交和加重強制性交，法律明文規定未遂犯亦應予處罰。

∞「迷而未姦」也會成立加重強制性交的未遂犯嗎？

假設今天小傑已經對萍子下藥，但是看到萍子被下藥後神智不清、近乎瘋癲，性欲全消，而打消原本的計畫。小傑這樣還能算是強制性交未遂嗎？

最高法院實務見解認為：「對被害人為施用藥劑之加重條件行為時，即同時為強制性交罪構成要件行為之著手實行。本件上訴人既係基於強制性交之犯意，對被害人A女為施以藥劑之行為，即已同時著手於強制性交罪構成要件及加重條件之實行，從而，上訴人雖尚未達以其陰莖插入被害人A女陰道之既遂程度，仍應負加重強制性交未遂罪責。」

所以，就算小傑沒有對萍子施行性交行為，因為他已經對萍子施用藥劑，在法律上評價是開始著手於強制性交罪構成要件及加重條件之實行，所以仍會成立加重強制性交罪的未遂犯。

很多人以為，男歡女愛就是「你退我進、你進我退」。但於現實生活中，當對方準備要「退」而沒有「進」的意思時，若再步步逼進，就形同「強迫」。

還記得一開始來到事務所那位怯生生的小妹妹嗎？原來她是來委任律師告她的「男朋友」。別以為只要雙方是男女朋友關係，就不會發生強制性交或強制猥褻。就算是夫妻之間，即便是出於愛戀而情不自禁，只要未經對方同意，強迫對方發生性接觸或性行為，都有機會成立強制猥褻或強制性交。

會客室外的律師真心話

許多愛情動作片的情節，會加入強暴式性愛的元素，也許是因為它要滿足人類的性幻想。然而，大部分人在性愛上被強迫通常會覺得不舒服，甚至翻臉也不無可能。我們不能把幻想與真實世界混為一談。

時也聽聞明星演員發生強制性交疑雲，導致其演藝事業全面停擺。縱使罪名最終被宣判不成立，演藝生涯也元氣大傷。無論你有多麼高富帥、白富美，違反他人意願而強行發生性行為，將面對的極可能是重刑處罰。「霸道總裁」終究只是劇裡才有的戲碼，真正的霸氣是懂得憐香惜玉，不是耍著流氓氣去強占別人的身體。

03 〔夜店撿屍〕
眼前的睡美人，居然是一具「喪屍」？

一早踏進辦公室，就看到貌似母子的兩人，坐在會議室裡面等著。

「他們是誰的當事人？這麼早啊。」八點鐘就來等律師的當事人實在不多見，情況到底多緊急？

「是沈律師的，年輕的那個男生好像被人家告強制性交。」助理小聲說。

「旁邊的是他媽媽？」我忍不住繼續向助理八卦。

「別問了，這個案子你會比較有經驗，一起進來吧！」沈律師拍了拍我的肩膀，手拿著筆電，正準備進入會議室。他隨口補充：「這樁是夜店撿屍，我看你年輕的時候也沒少匪類過，來幫幫我吧！」

我百口莫辯，只好無奈地跟進了會議室。

門才一關上，貌似男子母親的女士，馬上心急地站了起來。

「律師們早，拜託你們救救我兒子！我這孩子雖然活潑好動，但個性敦厚老實，不可能去強暴別人啦！你們可要幫忙還我兒子清白啊，他才剛退伍，正準備要找工作，怎麼就遇到這種倒楣事，他以後的人生該怎麼辦啊？」語畢，這位媽媽眼裡已噙滿淚水。

坐在旁邊的兒子，默默低下了頭，一言不發。

「您先別激動，讓我們了解一下事情的前因後果，再來判斷。別急，弟弟和我們講清楚到底發生了什麼事好嗎？」沈律師將目光投向一直沉默不語的年輕男子。

終於，這名兒子驚恐地抬起頭來，支支吾吾地說：「我沒有強暴她，是她一直拉著我，把我帶回她家。從頭到尾都是她主動的，我……我還比較像是被她強暴的那一個咧……」

年輕男子漲紅了臉，一付極度委屈的模樣。

「看起來不太像是演出來的……」我心裡暗自忖度。

酒過三巡後，到底誰說的是真，誰說的是假？或者對簿公堂的雙方當時都已經喝到斷片，根本記不得發生了什麼事情？在這種狀況下，我們要如何還原現場呢？覺得自己「被強暴」的，反被主動挑逗的對象告「強制性交」，又該怎麼自保？

∞酒吧睡美人，夜店好撿屍？

某日，阿明在酒吧邂逅了剛與男友分手的牙牙。阿明見機不可失，提議要陪牙牙喝個痛快。牙牙因心情惡劣，喝起酒來毫不節制，最後不勝酒力，醉到不醒人事。阿明便趁此機會，把牙牙帶回家「生米煮成熟飯」。

隔日牙牙驚醒，發現自己衣衫不整地躺在阿明床上，當場崩潰。前腳一離開阿明的家，牙牙立刻到附近的警察局報了案。

有些男人會在夜店外面徘徊，專門尋找像牙牙這樣喝到爛醉的女孩，想趁機帶走揩油。不論是帶回家、帶到旅館房間，甚至帶到暗巷上下其手，這樣的行為就是傳說中的「夜店撿屍」。無論是「姦屍」（發生性行為），或是「撫屍」（上下其手吃豆腐），法律上都會有後果。

刑法上有所謂的「乘機性交罪」與「乘機猥褻罪」，當加害人趁著被害男女不能抗拒或不知抗拒時，向其為性交或猥褻行為，前者可被處以三年以上十年以下的有期徒刑；後者可被處以六月以上五年以下的有期徒刑。

牙牙因貪杯導致「昏暈、酣眠、泥醉」，屬於一種「不能或不知抗拒的狀態」，致使她無法產生同意性交的理解，也無法有抗拒性交之能力。阿明則趁牙牙處於這種狀態時，向她為性交行為，即觸犯了刑法二百二十五條第一項的乘機性交罪。

值得注意的是，若此「不能或不知抗拒」的狀態是加害人對被害人主動造成的，可就更嚴重了！假設阿明為了確保牙牙會乖乖就範，故意強灌牙牙酒水，甚至在酒裡面加入安眠藥，再趁其意識不清而性侵得逞，阿明將成立強制性交罪或以藥劑為之的加重強制性交罪（詳細探討請參閱〇三三頁〈約會強暴〉一文）。

∞昨晚情投意合，醒來要你負責？

柏弟平時沒什麼娛樂，最大的樂趣就是偶爾和好哥兒們到夜店把妹。某日，柏弟又打算趁著夜店的「淑女之夜」獵豔。當晚女生很多，且都非常熱情主動。一位年輕女孩夢夢喝了好幾輪shots，對著柏弟喊道：「你到底是不是男人？都沒有我一個女生喝得多！」

在迷幻的燈光下，夢夢不僅頻頻放電，身子也緊緊貼著柏弟。柏弟靠在夢夢的耳邊問：「想來我家嗎？」夢夢爽快答應：「當然好啊！」於是兩人一起回到柏弟家，所有該發生的事都發生了。隔日一早，夢夢起床便驚聲尖叫：「你這個變態，昨晚對我做了什麼？」柏弟面露尷尬，心想：「這位施主現在是在演哪一齣？」

許多人都有喝酒醉後「斷片」的經驗。夢夢在幾回合的烈酒下肚之後，可能已進入「自動導航」模式，我們姑且稱這種狀態為「喪屍」。喪屍會走、會動、會講話，但實際上對自己這段時間說過的話、做過的事完全沒印象。

如果在夜店裡面不幸遇到了喪屍，恐怕很棘手。如同柏弟一樣，原本以為是雙方情投意合的一夜情，卻在對方起床後，一秒被說成是強暴犯。最麻煩的是，你無從得知與你發生性行為的是活人還是喪屍，除了滿腹委屈地向法官哭訴「怎麼可以作賊的喊捉賊」，似乎也別無他法。

此時，法官會怎麼審判？實務上，既然「案發現場」已無法還原，法官只能斟酌相關的間接證據，以及雙方當事人事前事後的行為、態度來綜合判斷。

如果夢夢在事發後第一時間就跑去報警，到醫院就醫驗傷，隨後哭倒在閨密懷裡，還時時刻刻向身邊親友說她活不下去了。身為一個「可憐被害者」角色該做的，她都做了。縱使那天晚上是夢夢火辣熱情地勾引柏弟，是夢夢用力扯掉柏弟的衣服，法官也只看到恢復成正常人的夢夢好可憐、好委屈、快活不下去，看不到柏弟臉上的三條線。

柏弟開始後悔那一天為什麼要帶夢夢回家，不僅被喪屍咬了一口，甚至還可能為此鋃鐺入獄。人在江湖走，實在不可不慎啊！

∞對方謊稱被撿屍，被栽贓的你該如何自保？

還在念大學的小奇一直熱衷於夜生活，平時只要隔天早上沒有課，當天晚上一定能在夜店看到他。某一晚，小奇在夜店遇上美豔大方的Apple，兩人一拍即合。酒過三巡後，Apple向小奇提議到她家過夜。小奇欣然答應，心中滿懷期待。

一進到Apple的家，Apple果然馬上向小奇發出猛烈攻勢，讓小奇順利在當天晚上「轉大人」。沒想到，隔日Apple的男朋友無預警來訪，進門後看見衣衫不整的兩人，怒不可遏。Apple連忙謊稱是喝醉後被小奇強暴，Apple的男友二話不說，立即把無辜的小奇痛扁一頓，扭送警察局。

床笫之事遇到爭議最難解，因為當事人把門關起來，沒人知道裡面發生了什麼事，實際的真相恐怕只有當事人最清楚。那麼，如小奇在夜店遇上了肉食女Apple，又陰錯陽差地被Apple的男友誤會，他要怎麼證明自己的清白呢？

小奇仔細回想，在回Apple家的路上，都是Apple緊黏著他，抱著他狂親。在進入Apple居住的大樓之前，兩人還一起到樓下的便利商店買保險套，皺巴巴的收據就夾在他外套口袋裡。

即便Apple事後去醫院就醫並採集檢體，頂多證明她和小奇的確曾經發生過性行為，並不能證明性交行為的發生違反她的意願。

小奇只要請求警察去調閱相關監視器畫面，拿出Apple和小奇摟摟抱抱地回家、一起到便利商店購買保險套等紀錄，Apple胡亂主張被小奇「強制性交」的說法，可能就不會被法官採信了。

回看一開始來到事務所的那對母子，靦腆的年輕弟弟有辦法自證清白嗎？問題的根本在於當事人是否能找出有利於自己的證據，例如監視器畫面、兩人一起購買保險套的證明等，都可以作為兩情相悅的佐證。因為當時的性交現場不可能被還原，法官也只能藉著這些間接證據來形成心證以為判斷。

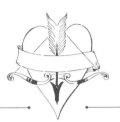

會客室外的律師真心話

天涯何處無芳草，何必單戀一具屍？如果你不確定眼前的人到底是個活人，還是一具「喪屍」，勸你明哲保身，趕緊收拾細軟走人！畢竟江湖傳言道，被喪屍咬了一口之後，通常自己也可能變成喪屍啊……

誠心建議戀屍癖患者，趕快戒除這個惡趣味，回到陽氣滿滿的世界，好好和活人相處吧！

04 〔直播濾鏡〕我很漂亮，真的嗎？我急需用錢，真的嗎？

「律師，我覺得她實在騙很大……濾鏡開那麼凶，關掉後根本不行。我在她身上花了那麼多錢耶，我要討回來！」

「你想怎麼討？」

「我要告她詐欺！」

「她詐欺你什麼？」我一邊搖著筆桿，一邊饒富興味地問著眼前的苦情男主角，期待可以聽到一個驚天地泣鬼神的詐騙故事。

「她騙我她很漂亮，可是其實她沒有。」

「這樣你就要告她詐欺？那麼路上一些濃妝豔抹的漂亮女孩們，你要順便告一下嗎？」聽完男主角令人失望的回答，我半開玩笑地瞇著眼問道。

「不一樣呀，我有『斗內』（donate）在她身上耶！」男主角憤恨不平地說著。

「她有主動要你斗內嗎？」我推推鼻梁上的眼鏡，掩飾我的無奈，因為答案八成是否定的。

「……沒有。」

「所以，現在的狀況是，你看人家漂亮，自己主動砸錢在對方身上，然後發現對方不如你想像中漂亮，於是要把錢討回來，還要告人家一條刑事罪？」

「我……我……」這位從一開始講話就很激動的男主角終於語塞，面紅耳赤地看著我，眼底盡是茫然。

∞我的美麗，怎麼變成你口中的詐欺？

阿超在直播網站上，長期關注一名可愛又俏麗的女孩貝蒂，因為她完全符合他心目中女神的理想典型。每當女神在螢幕前露出惹人憐愛的表情，他就忍不住大手筆斗內下去，只為搏得美人喊他名字，對他嫣然一笑。

某日，貝蒂倉促上網，忘了開直播濾鏡。在沒有美顏濾鏡的加持下，貝蒂露出原貌，原來是個年過半百的中年女子。阿超一看，嚇得跌坐在地，不敢相信自己長期斗內的夢中情人居然與現實有著如此大的落差。望著不知濾鏡未開、仍對鏡頭擠眉弄眼的貝蒂，阿超怒極攻心，決定告貝蒂詐欺，並想要回他先前斗內給她的金額。

要構成刑法上的詐欺罪，必須滿足幾項嚴格的主觀條件和客觀條件。詐欺行為人首先必須主觀上要有「詐欺故意」，客觀上要有「施用詐術」的行為，使被害人陷於錯誤，並因此錯誤而處分財產導致損害，詐欺行為人的「施詐行為」和被害人的「財產損害」必須有因果關係。

直播主戴上假髮，穿上美麗的服裝，運用神手級的化妝技巧將自己打點得漂漂亮亮，以博取粉絲的愛慕，這樣的「加工行為」難道會被評價為刑法上的詐欺罪嗎？

刑法上的「行使詐術」，指的是行為人傳達一個錯誤的、扭曲的或虛構的事實給被害人，使被害人因此產生錯誤的認知（法律上稱「陷於錯誤」）。然而濾鏡的使用、妝髮的打理，是否會被認為傳遞扭曲的「事實」？其實單純使外在形象、狀態產生變化，我們很難將之界定為「事實」的傳遞被扭曲。

但如果資訊的傳遞顯然失真，與現實差異的程度明顯逾越常人可接受的範圍，例如直播女子原來是直播「男子」、五十歲阿桑變成二十歲娉婷美少女，此時有無詐術之行使？私認為非無討論空間。

接著，要成立詐欺罪，「施詐行為」必須和被害人的「財產損害」兩者間有因果關係。在這個案例中，阿超身為粉絲，為了表達對直播主的支持，心甘情願打賞。其實，阿超從頭到尾都可以選擇不要慷慨解囊，貝蒂也沒有拿把刀架在阿超的脖子上逼他付錢，「貝蒂的漂亮」（即便是濾鏡加持後的結果）和「阿超的處分財產」並不存在必然的因果關係，詐欺罪在此是很難成立的。

問題來了，既然粉絲因直播主的姿色而甘願自掏腰包的情事不能構成詐欺罪，為何我們仍時常耳聞直播主「詐騙」、「吸金」的社會新聞呢？

∞直播主「演很大」，小心觸犯詐欺罪

Emily長相甜美、身材火辣，在直播界小有名氣，業績常常是平臺上的前幾名。奇怪的是「水人無水命」，Emily的粉絲們常常看到類似這樣的訊息：「我好辛苦，老闆說這個月如果沒達到他要的業績，就要把我給fire了！你斗內一下，幫幫我好嗎？」「我媽媽最近出車禍了，但我沒有足夠的醫藥費，怎麼辦？」「我爸爸又欠下一屁股賭債，天天都有債主上門追討……」「弟弟最近摔斷腿了，都沒辦法上班，快沒生活費了，可以斗內我多一點嗎？」

有聽過「剝皮酒店」嗎？酒店小姐謊稱自己身世坎坷，全世界的倒楣事都被她遇上了，為的是騙取酒客掏腰包幫她度過難關。隨著時代變遷、科技發達，現在則慢慢演變為「剝皮直播」。

「騙感情」到底有沒有罪？若只是單純的愛情騙子也許沒有罪（頂多是道德上可

受責難），但如果利用感情作為手段來騙取財物利益，就有觸法之虞。許多粉絲因心疼、憐愛直播主，於是大手筆刷下大禮，最後遭到真心換絕情。直播主拿到財物或利益後人間蒸發，可能就觸犯詐欺罪了。

Emily 很明確地對粉絲有「施以詐術」，誤導粉絲以為她命運如此多舛，「沒有業績」、「媽媽車禍」、「爸爸賭博」、「弟弟摔斷腿」可能都不是真的，但 Emily 屢次騙取粉絲的同情心來獲利倒是真真切切的。

Emily 主觀上有詐欺粉絲的故意，客觀上編造了「與事實不符的故事」，目的是讓粉絲相信她虛構的故事進而給予她金錢。粉絲信以為真，陷入錯誤的認知，並因此而處分財產，造成財產上損失。Emily 的行為已該當刑法第三百三十九條第一項的「詐欺取財罪」，可能被處以五年以下有期徒刑、拘役或科或併科五十萬元以下罰金。粉絲若是蒐集證據，提告 Emily 成功，還有機會追回財產上的損害。

如果你也曾經遇到一個像 Emily 的直播主，三不五時要你出錢救濟幫忙，此人必定磁場不好，命中帶煞，趕快三十六計走為上策吧！

∞假如直播主不是真的想直播……

除了金錢詐騙，肉體的誘惑更是無處不在。有些直播主會暗示粉絲，如果斗內到一定數額，可以交換社群媒體帳號、電話，進而見面、吃飯等，這些都無可厚非。但如果以「我願意和你發生性行為」為誘餌請求粉絲斗內，又假設粉絲真的很想一親芳澤，於是對直播主一擲千金。接下來會發生什麼問題？粉絲可以要求直播主遵守承諾，甚至去請求法院強制執行這一夜春宵嗎？

這聽起來是否很荒謬？「性行為」不能當作被法律強制執行的標的，因為這違背公序良俗，也違反人性尊嚴。

此時，粉絲說：「好，我不要性行為，退我錢總可以了吧？」不好意思，這名粉絲的行為，本質上就是買春行為。粉絲本於不合法的原因，對直播主給付金錢，縱使因此行為而受到財物上的損害，也不能要求對方返還。

那錢怎麼辦，難道這筆帳就這樣算了？別以為直播主可以占到任何便宜，這樣的行為無異是「披著直播外皮，行賣淫之實」，已經違反了「社會秩序維護法」。違反社會秩序維護法所產生的所得，須依該法第二十二條第一項被沒入（關於性交易的詳細探討，請參閱〇八〇頁〈包養關係〉一文）。

並且，如果直播主打算騙到粉絲錢後就遠走高飛，主觀上有不法所有的意圖，對粉絲有詐欺故意；客觀上傳遞了一個不實的訊息，即根本沒有意願為錢去和粉絲發生性行為。粉絲因為這樣不實的訊息而陷於錯誤，導致努力掏錢，造成財產上的損害。此時，直播主已經犯下前述提過的詐欺取財罪了。

會客室外的律師真心話

美化自我是否等同於詐欺？還可以從「化妝」這個日常的例子來理解。對許多女性而言，化妝品已如同是第二張臉，假使一個女生妝前妝後差很大，讓她的男朋友心底產生「唉呀，我被她騙了」的感覺，難道這名男友就可因此告女生刑法上的詐欺罪嗎？

刑法上定義的詐欺罪是保護「財產法益」，探究的是「事實」有無被扭曲捏造，造成被害人陷入錯誤因而產生財產上的損失，並不探究心理上的受傷感。律師在此教你一招，若男性同胞害怕真相讓人難以承受，請記得婚前約會，相約上個健身房流流汗，或一起去游個泳。畢竟，再怎麼防水的妝容，花了還是會現出幾分端倪的。

05 〔火山孝子〕

用金錢澆灌的愛情，枯萎時還剩下什麼？

一早進入辦公室，一位打扮入時的美麗女子映入眼簾。太陽眼鏡、高級絲巾、剪裁合身的洋裝、限量款包包，再配上一雙時髦的高跟鞋，看得出來都是所費不貲的名牌貨。

「那位美女是誰啊？」我趕緊向祕書打聽這位是何方神聖。

「你說站在會客室裡的那尊人體名牌聖誕樹嗎？她就是上週來電預約諮詢的莊小姐。」祕書頭也不抬地回道。

「你怎麼可以這樣講我們的當事人？」這麼貼切的形容，讓我忍不住笑出了聲。

深吸一口氣後，我端起不是名牌卻極美味的祕書牌現煮咖啡，走進會議間。

「您好，莊小姐嗎？請問您今天想來諮詢的是？」

「是這樣的。有個追求我的科技新貴，之前送了我一間套房……但我們後來沒有在一起，他要求我把房子還給他。我想，送我的東西，不就是我的了嗎？怎麼可以這樣出爾反爾？」

「請問他將這間房子送給您時，有說什麼嗎？」

「他是有說那房子就當作我們結婚後愛的小窩……」

「嗯……所以，他有提到這個房子是打算作為你們婚後的住所？」

「可是我連交往都不想，怎麼可能嫁給他呀？」

連交往都不想，卻收下別人的一間房？我不動聲色，繼續在筆電上記錄著。

「還有其他人，對我也有類似的主張。」莊小姐繼續說道。

「類似的主張？您可以稍加詳細地說明嗎？」我不禁認真打量起眼前這位摩登女子。難道她全身上下的名牌，都是這樣來的？

「還有幾個男生也在追我，他們也都會買東西給我，像是名牌包包、名牌手錶這一類的。」

「這樣子啊，然後呢？」

「然後，他們都覺得送我禮物，我就得和他們交往。見我沒有答應，其中幾個小氣鬼就要我把東西還給他們。我可以不還吧？」

眼前這名女子，讓我想起多年前一齣有名的日劇《大和拜金女》。不過在現實生活中，肆無忌憚地用「感情」當誘餌，不停收取禮物，真的都沒問題嗎？科技新貴所送的結婚美房，也會成為拜金女的戰利品嗎？

∞喜歡嗎？我送你！

有錢的豪哥對拜金女晶晶一見鍾情，認識沒多久便發起猛烈的銀彈攻勢。無論大節小慶或各個紀念日，豪哥都樂意為晶晶想要的禮物買單，想用鈔票燃起晶晶內心的熊熊愛火。

今年情人節，豪哥覺得要認真與晶晶「確認關係」，於是買了浪漫的對戒、晶晶想要的限量版皮包，甚至連結婚大禮都準備好了。深情的豪哥還賦予這些禮物不同的意義，他如此對晶晶表白：「戒指代表我的心，你若答應和我交往，它將是我們的定情戒；這個限量版的皮包是我對你的愛，只要你願意把自己全部交給我，今晚之後它將永遠屬於你；而如果你願意和我結婚，我媽媽留下來的家傳祖母綠白鑽項鍊也將是你的。」

晶晶毫不猶豫地接受這三項大禮，答應和豪哥交往，共度了一夜春宵。但交往不久，晶晶便在外劈腿不斷，找到了比豪哥出手更闊綽的「下家」，並因此決定分手。

豪哥心有不甘，覺得自己被晶晶騙了，找了律師打算把之前送給晶晶的所有禮物全都討回來。

男女追求和情侶交往期間，常常互贈禮物，通常並不會附帶任何條件或負擔約款。很少聽過有人要求對方要過五關斬六將才能拿到生日或情人節禮物的吧？

∞送你的東西，就是你的了——「直接贈與」

有些人在追求不成之後，想把曾經送給對方的禮物一次全部討回來，這恐怕是行不通的。

當初若是自己心甘情願地掏錢買禮物給對方，既不是被槍抵著頭，也沒有被逼著去買，且對方當下也欣然接受，依民法第四百零六條：「稱贈與者，謂當事人約定，一方以自己之財產無償給與他方，他方允受之契約。」贈與契約即刻成立。

法律上也規定，一旦贈與物移轉了，除非有法定可得撤銷事由，贈與人不得任意撤銷贈與。換句話說，撒出去的錢，就像是潑出去的水。潑了，就沒了。

例如豪哥在追求晶晶期間送出的名貴禮物、吃過的高級餐館、去過的豪華旅遊，在雙方分手後，這些贈與晶晶的禮物「原則上」都要不回來，費用亦無法要求均分。但有原則就有例外，如果豪哥送禮或付款前有先訂下某些條件或但書，此時說不定就有機會……

∞如果你做到，就可以得到——「附條件的贈與」

如果禮物不是直接贈與受贈人，還需要受贈人履行一定的條件約款，法律上稱為「附條件的贈與」。依民法第九十九條第一項的規定，附停止條件的法律行為，於「條件成就時」才發生效力。亦即受贈人在完成贈與人開出的條件後，才有資格得到該贈與。

例如一名非常重視女友身材的男生對女友說：「如果你在一年內瘦十公斤，我就送你一個名牌包包。」若這女生如期於一年內瘦下十公斤，贈與條件成就了，她就可以和男友討先前被允諾的禮物。

∞你先收下吧，但之後要做到——「附負擔的贈與」

假使男友讓女友先收下名牌包包當作禮物，但告知女友日後必須瘦下十公斤。此贈與似乎與前述狀況略有不同，在法律上又如何解讀呢？

此時，雖然男友已贈與禮物，但這屬於「附負擔的贈與」。依民法第四百十二條第一項：「贈與附有負擔者，如贈與人已為給付而受贈人不履行其負擔時，贈與人得請求受贈人履行其負擔，或撤銷贈與。」女友收下禮物之後，假設沒有履行該「贈與負擔約款」，未如期減去十公斤，身為贈與人的男友可以請求受贈人女友履行其負擔，乖乖減肥。否則，男友可以撤銷其贈與，女友就必須將禮物返還給男友。

∞送出去的禮物，能討回來嗎？

真實世界中，有多少男女會在送禮前預設那麼多的條件或贈與負擔約款？不妨再看看出手闊綽的豪哥一例，他對於其中幾項「大禮」，多放了幾個心思。

依豪哥的要求，晶晶必須答應和豪哥交往，才能得到戒指；晶晶必須和豪哥共度良宵，才能得到限量皮包；至於豪哥的家傳項鍊，晶晶更是必須和豪哥結婚後才能真正獲得。這三項貴重的禮物，豪哥可不願意白白地給出去，晶晶必須履行豪哥的要求才能得到。而分手後，送出去的這三項禮物，豪哥可以全部都討回來嗎？

首先是戒指，晶晶答應和豪哥交往，並也真的交往了，已履行豪哥當初開出得到戒指的贈與負擔約款，豪哥沒辦法以分手為由把定情戒拿回來。

其次是皮包，假設晶晶在和豪哥交往期間「所有該做的事都做了」，似乎也已經履行了這個附負擔的贈與約款。但如果豪哥掛不住面子，堅持要拿回這個包包，則可能涉及許多法律上的攻防。

豪哥的律師也許會主張：該贈與是附負擔的贈與契約但是該負擔約款以要求兩人發生性行為為內容，因違背公序良俗而無效。又因該「負擔」約款無效，故贈與契約無效。此時晶晶收受這個皮包即失去原本法律上原因（贈與契約無效），當屬「不當得利」，晶晶必須返還。

另一頭，晶晶的律師也不是省油的燈，可能會主張：「依民法，若因不法原因為給付，不得請求返還不當得利。」即指豪哥既然都承認自己開出「以鮑鮑換包包」的要求，是違背公序良俗，現在怎麼可以主張自己先前行為是不對的，作為取回禮物的藉口？歷經一番折騰，晶晶得以留下皮包。只是為了這個皮包，晶晶可能得額外花上一筆律師費。

最後，豪哥的家傳祖母綠白鑽項鍊要如何歸屬？這同樣是附有負擔約款的贈與，但是與皮包不同的是，豪哥的結婚要求並沒有違反公序良俗。晶晶最後沒能和豪哥修成正果，自然沒有履行負擔約款。所以豪哥如果已把項鍊送給晶晶，可以撤銷先前的贈與，要求晶晶返還項鍊。

再補充，民法第九百七十九條之一就訂婚而為的贈與也有特別規定：「因訂定婚約而為贈與者，婚約無效、解除或撤銷時，當事人之一方，得請求他方返還贈與物。」即指因訂婚而為的贈與，如聘金、婚戒等，在婚約無效、解除或撤銷時，贈與人可以向受贈人請求返還。

回到一開頭，那些火山孝子送給拜金女的名牌包包、名牌手錶，甚至房子是否都能討回？與禮物價值高低無涉，端視這些追求者在贈與時，有沒有說出那神奇的關鍵句：「如果你日後做到（某條件）……這個禮物就是你的了。」只要屬於附有負擔約款的贈與，當受贈者未能履行負擔時，贈與者是可以撤銷贈與的。此時，受贈者就得乖乖返還禮物囉！

會客室外的律師真心話

男女追求或交往期間送出的禮物，「原則上」是要不回來的，這也包括一時熱心替對方繳付的房貸、車貸、信用卡費，以及順手結帳的大小餐費等。除非你在付款的當下曾尷尬而不失禮貌地向對方說：「我只是先幫你代墊，你要記得還我錢喔！」「你要出一半喔！」並且留下某種程度的證據（如訊息對話紀錄），待日後對方拖欠不還時，才有機會主張權利。

若遇到一個愛計較的前任，分手時羅列一張「返還清單」，要求歸還交往期間贈與的所有禮物。如果你覺得他可憐，還你想要還的；如果覺得遇到連一杯珍珠奶茶都要算得清清楚楚的人簡直是鬼遮眼，懶得理會就別理他了吧！別忘了，送出去的東西除非當初有立下相關的贈與負擔約款，否則就等於潑出去的水。潑水前，請三思！

06〔交友約炮〕

你情我願的性行為，怎知遇上一個「未成年」？

「律師，我發誓，我不知道她未成年。我雖然好色，但還不至於是個變態，而且她穿著打扮這麼成熟，怎麼看都不像未成年啊！」

眼前這位中年大叔，滿臉憤怒和無奈。從進了會議室之後，我已被他轟炸了快半個小時。

「您說您是在交友網站上認識她的？」

「其實我是在一個約炮軟體上認識她的啦！會使用那軟體的人，幾乎都是想做那檔事的人嘛！」

「這……不一定吧？」

「律師，您是不是沒有約過炮啊？感覺您不知道那個世界的生態耶！大部分的人找一夜情，少部分的人找短期關係，沒有人會想在那裡找天長地久啦！而且這個是很有名的約炮軟體，您懂『約炮』兩個字的意思嗎？」大叔在講到「約炮」二字的時候，刻意放大了聲量。

我當然知道約炮是什麼意思，強忍著心中的不耐，我簡短有力地摘要。

「我和您還原一下事發經過：您和這個小女生在交友軟體上面認識，然後相約出去。後來您把她載回家，不顧人家反對，把她按倒在床上，想要和她發生性行為，但最後被她推開。她落荒而逃，緊接著，您就被她告了強制性交未遂？」

「唉，律師，您這樣講就不對了。我剛剛已經說過了，我們是在約炮軟體上面認識的。我約她出來，她也願意和我出來，不就表示她同意要和我一起做那檔事嗎？現在怎麼可以出爾反爾，說我強暴、猥褻？如果她是聖女貞德，當初就不要玩那個約炮軟體呀！」

「話不是這麼說的……」我清了清喉嚨，正準備說下去。

「不然是怎麼說呢？她穿得那麼性感暴露，根本就是想勾引我啊！穿得那麼辣，又不准別人碰，什麼意思嘛！」

咦？一個女生穿得很辣，就表示任何人有權利去亂摸她、強暴她？一個人上了約炮軟體，同意出來見面，就等於「同意性交」？這大叔的邏輯出了什麼問題？

看來，大叔此次恐怕劫數難逃了？

∞他是「性騷擾」，還是「強制猥褻」？

洋洋在知名約炮軟體上遇到化名 Nicole 的年輕女孩。Nicole 一張張性感魅惑的照片，讓洋洋內心欲火難耐，兩人很快地相約出遊吃飯。席間，洋洋拿出手機，讓 Nicole 欣賞自己家的貓咪照片，見 Nicole 嫣然一笑，洋洋更進一步邀約 Nicole 來家裡看貓。

Nicole 不疑有他，同意前往洋洋家一趟。殊不知一踏進家門，洋洋立即強吻 Nicole，一手還摸上 Nicole 的胸部，試圖扯開胸罩。Nicole 嚇壞了，死命地掙扎，終於掙脫了洋洋的箝制，奪門而出。一出了門，

Nicole 便直奔警察局報警。令人意外的是，Nicole 原來未成年，今年才剛滿十三歲而已……

未經他人同意的肢體碰觸，該定義為「性騷擾」或是「強制猥褻行為」？我們先來看看兩者的差異。

「性騷擾」是依「性騷擾防治法」第二條規定，係指性侵害犯罪以外，「乘人不及抗拒」對其實施違反其意願而與性或性別有關之行為，如趁人不備的親吻、擁抱、襲胸、襲臀等，就會觸犯性騷擾防治法第二十五條第一項之「性騷擾罪」。此罪屬於「告訴乃論」，必須由被害人向加害人提起告訴，法律才會追究。

「猥褻行為」於實務見解中被如此定義：在客觀上足以誘起他人之性欲，在主觀上足以滿足自己性欲，即可稱之為猥褻。最高法院實務判決見解認為，刑法第二百二十四條「強制猥褻罪」係指性交以外，基於滿足性欲之主觀犯意，以違反被害人意願之方法而為猥褻行為。其外觀係足以誘發滿足人之性欲，而使被害人感到嫌惡恐懼之行為。

性騷擾和強制猥褻行為之間的區分，主要在於：性騷擾指犯罪行為人趁著被害人「不及抗拒而為之」；若已不斷壓抑、排除被害人之抗拒，「以強暴、脅迫、恐嚇、催眠術或其他違反被害人意願之方法」而強制進行，即屬強制猥褻行為。

以犯罪手段來看，強制猥褻行為對被害人性自主決定權的壓制程度超過性騷擾行為，因此，強制猥褻行為的處罰也重於性騷擾行為，而且屬於「非告訴乃論」，一旦檢警機關知悉犯罪行為，就會主動介入調查，不會因為當事人和解或被害人撤告就停止偵辦。

洋洋強吻 Nicole 的行為，已經符合性騷擾防治法第二十五條「乘人不及抗拒而為親吻」，可處二年以下有期徒刑、拘役或科或併科十萬元以下罰金。

而洋洋不顧 Nicole 反抗，違反其意願而襲胸的行為，明顯地是利用自身男性體格上的優勢，以「強暴」為手段壓制 Nicole 的性自主決定權，該行為在客觀上足以引起、刺激或滿足性欲，主觀上足以滿足洋洋一己之性欲，該當強制猥褻行為，成立前述提過的強制猥褻罪，其法定刑度為六月以上五年以下的有期徒刑。

∞「未成年」使刑責加重

要特別注意的是，刑法上對於未成年人有特別保護，無論與未成年人性交或向其做出猥褻行為，依其未成年人年齡分級區分，刑責分別有不同的加重規定。

因 Nicole 只有十三歲，洋洋的行為客觀上已經符合加重強制猥褻罪的犯罪構成要件。但如果洋洋主觀上根本不知道 Nicole 只有十三歲呢？洋洋此時是否可以主張自己根本不知道 Nicole 未成年，而免於加重的刑責？

最高法院判例認為：「如行為人不知被害人究竟幾歲，但自被害人的言行舉止可見其年稚無知而可欺，竟然甘冒可能實現該當本罪構成要件行為的危險，而與被害人為性交或猥褻行為者，即具本罪的間接故意。」

法官在判決時，會依一般人的智識能力標準去推斷，行為人是否能辨識未成年人的年齡。假如 Nicole 的外型、氣質、談吐仍顯稚嫩，足以讓洋洋心生疑慮，但洋洋依然不管三七二十一，「先摸了再說」，法官恐怕不會因為洋洋一句「我不知道」就讓他輕鬆地把責任推得一乾二淨。依刑法第二百二十四條之一，對未滿十四歲的男女犯強制猥褻罪，加重處罰，可處三年以上十年以下有期徒刑。

∞約炮前停看聽

現在交友軟體盛行，一不小心，你約會的對象也許就是未成年人。當行為人明知將產生性關係的對象是未成年男女，或主觀上認為對方可能未成年仍不踩煞車，即使是在兩情相悅的狀態下發生性行為，仍會觸法。

假使洋洋又在交友軟體上約另一名網友 Nicki，見面時看到 Nicki 穿著國中生的制服，仍決意要與她產生性關係。即便在發生性行為的當下，Nicki 沒有抗拒或不同意，但因 Nicki 是法律定義上的「幼女」，法律認為其並沒有完全同意發生性行為的能力。洋洋已犯下刑法第二百二十七條「與幼年男女性交罪」，將依此條第一項或第三項（依該幼男幼女的年紀而適用不同規定）論罪處刑。

會客室外的律師真心話

現代性自主意識抬頭，許多人覺得性愛就和吃飯、睡覺一樣，是人類的基本欲望，必須被滿足。對於現代人「性開放」的態度，無須做任何道德上的評判。只要一個人的性開放沒有不正當地影響到別人，並且以尊重他人的性自主決定權為前提，男歡女愛本是各人私領域的事。

但必須提醒你，在網路交友的世界裡，你永遠不知道會遇見誰，可能是未成年的鮮肉嫩妹，可能是有家室的狼虎色鬼，縱使是在你情我願下的情況下發生性行為，都還是有可能惹罪上身的！

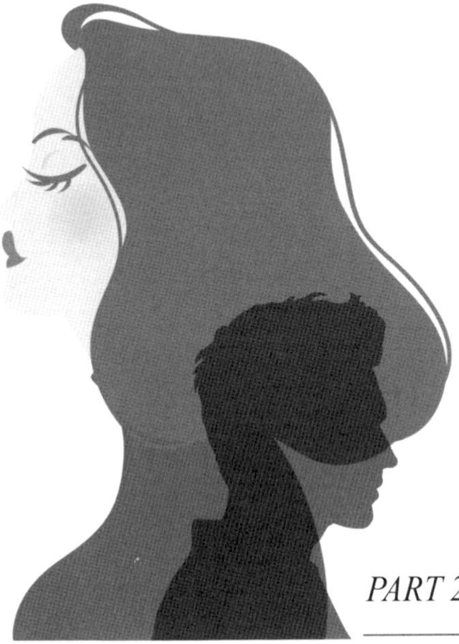

交往篇

PART 2

如火如荼的交往階段，
如何拿捏好彼此的隱私界線？
不對等的關係可能會造成什麼問題？
怎麼在享受歡愉的同時，
保護自己的身體，甚至是生命？

07 〔包養關係〕

陪吃陪喝陪玩樂，還可以陪你做害羞的事？

「不好意思，律師，今天有事想請教您。」在我眼前的這名辣妹，欲言又止。

「嗯？請說。」

「我……之前在一個包養網站上，註冊了帳號。」

包養網站？原來現在不只有約會網站，居然還有包養網站！

「嗯，然後呢？」我深吸了一口氣，立刻鎮定地反問回去。

「在那個網站上，我遇到了一個渣男。他原本說好用一個月十萬元的價碼來包養我……可是，他並沒有付錢。」此時，辣妹俏麗的臉龐微微漲紅。

「那他之前有對你做出什麼事情嗎？」我心裡大概有數，這女孩八成被騙色了。

「他說要先和我『試交往』再決定是否包養，於是我們約了幾次會，最後一次發生性行為後，他就人間蒸發了……律師，我有辦法向他要回原本答應的十萬嗎？我真的很氣！如果十萬拿不到，那我可以送他去坐牢嗎？」

「我想先問一下，你當初在包養網站發文的內容，大概是怎麼樣的呢？」

「我就很簡單地介紹一下身高、體重、三圍、興趣……」

「有明確提到包養的內容包含什麼嗎？」了解案情之外，不如順便了解時下流行的包養到底是怎麼樣的養法。

「有哦，我就說會陪乾爹吃喝玩樂呀！」

「就這樣？」我的意思是，這能吸引到乾爹候選人們的青睞嗎？

「還有寫類似『陪你做任何害羞的事』之類的話吧！」

「如果他們要求你做的那些行為，可能會傷害到你的身體，你都無所謂嗎？」我的腦海裡突然浮現一則社會版報導，一名女孩在汽車旅館被她口中「長期照顧她的好朋友」弄到全身重傷，緊急送醫……

「如果不會太嚴重的話，應該沒關係吧。律師，你也知道的，包養不就是這麼一回事嘛！」女孩無所謂地聳聳肩。

我轉頭看看辦公室窗外的藍天，幾朵掛著小黑邊的白雲緩緩飄過。眼前這女孩的青春美好，此時也已沾染上幾抹灰濛濛的顏色。雖說從事性交易會違反社會秩序維護法，但話說回來，難道這名女孩就活該被白白吃豆腐嗎？

∞「包養」合法嗎？

黃董正值壯年，雖然事業有成，但家庭經營不甚美滿。他已經與妻子分房多年、無性生活，面對機械化的日子，老覺得相當無趣、沒有挑戰，渴望在情感上有新的刺激。

雖然有這樣的念頭，但黃董並不想和生意夥伴去夜場尋歡，心裡總有「歡場無真愛」的不快。某日，在朋友的介紹下，黃董註冊了某知名包養網站，決定在這裡找一個「乾女兒」來好好疼愛一番……這樣的行為，會觸犯任何法律嗎？

如果黃董想要的「包養」關係，只限於單純的陪伴、吃飯、看電影，沒有逾越普通朋友社交行為的互動，很難說這樣的關係是違法的。

問題是，多數人認知的包養關係，恐怕非如此單純。

如果知道對方是已婚身分，「乾爹、乾媽」和「乾女兒、乾兒子」們仍想維持摻雜男女情愫的曖昧關係（如牽手、擁抱、接吻），甚至肉體關係時，就有可能為自己招引法律後果。

雖然目前通姦已經除罪化（除去刑事責任），但不代表通姦行為沒有法律後果，即便沒有上床，只要兩人間有超過普通朋友程度的親密舉動、對話，依實務判決見解，認為「其行為已逾社會一般通念所能容忍之範圍，已達破壞婚姻共同生活之圓滿安全及幸福之程度」，可能就會被法官判定屬於「侵害配偶權」的行為。

因此，在此例當中，如果黃董「包養」的實質內容就是婚內出軌、在外養小三。黃董的妻子可依民法向配偶、小三請求侵害其配偶權的損害賠償（詳細探討請參閱一三八頁〈小三人生〉一文）。

∞「性」可以拿來打契約，甚至交易嗎？

雪莉打算趁著自己年輕，海撈一筆青春財。她在包養網站上認識了大衛，大衛表示願意每個月給雪莉新臺幣二十萬元作為包養費，其中包含伴遊和固定發生性行為。

雪莉欣然接受這樣的條件。但就在雪莉履行包養條件一個月後，大衛未付任何款項就人間蒸發，不接電話也不回訊息。雪莉覺得自己被騙，盛怒之下，一狀告大衛詐欺罪和強制性交罪。

與一般的約會交往不同，包養往往有著「雙方合意以契約形式來規範雙方權利義務關係」的意味。假如包養契約中有「一週約會三次」的條款，這樣的內容可有觸法之虞？在判斷前，我們得先釐清條款中「約會」二字到底包含了什麼。

現實生活中，包養關係多半和性行為綁在一起，即一方按固定時間給付金錢，另一方收取金錢並同意定期發生性行為。所謂的「約會」是否包含性行為？如果沒有，真的就沒問題了嗎？後者其實還要再探究契約當事人一方，是否與第三人有婚姻關係，因為這牽扯到有無侵害第三人配偶權的問題。但論前者，若是以性行為作為主要訴求的包養契約，說穿了就是性愛契約，問題就大了。

雪莉和大衛的契約中，如果進一步露骨地約定如何發生性行為、發生的時間、頻率、對價等，那很明確地就是性愛契約。依民法第七十二條：「法律行為，有背於公共秩序或善良風俗者，無效。」包括包養關係中當事人間對發生性行為相關的約定，乃至情侶分手時約定要先履行幾次性行為（俗稱「分手炮」），在法律上均會因為該約定有悖於公序良俗而無效。

關於被包養人收取金錢的部分，性行為一旦有了利益作為其對價，不論是換取金錢，或是交換其他形式的利益（如免除債務、答應職務升遷、提供求學或求職推薦信等），此時性行為即不再單純，而是成了有對價關係的「性交易」。

孤單寂寞的紅男綠女，如果在網路上發文，不論格式為何，只要其內容大意是「我要花錢來買青春的肉體」，明目張膽地把性行為綁著對價關係。那麼警察不找上門，實在對不起這熊心豹子膽。

∞被「白睡」了，可以告對方詐欺嗎？

在包養關係中產生的糾紛中，最常聽聞的就是被白睡、騙色。此類問題的關鍵在於——以詐騙的方式來獲取「非法的服務」，是否構成犯罪？

假設以性關係所產生的對價（如包養金、嫖金）因屬於「不法利益」而不被保護，豈不等於變相鼓勵所有人都可以盡情白睡、白嫖，不會有法律責任？這樣的操作顯然不合理。所以曾有實務判決認為：「雖然『性關係對價』是不法利益，仍不容許以另一個不法手段予以剝奪，否則無異於促使性工作者自力救濟、加深法秩序的混亂。」故知，縱使是經由詐騙手段而取得「不法利益」，依然得適用刑法詐欺罪章論罪處刑。

案例中的大衛先是答應以每個月二十萬元包養雪莉，騙到雪莉上床後就搞失蹤，即是典型的「騙色」行為。大衛主觀上本來就有詐欺故意，假借包養雪莉為名，讓她誤信為真，進而願意發生性行為。大衛如願「騙炮成功」，即便騙取到的雖非實體之財物，而是性服務之提供，縱使無涉實體物的交付，仍是獲取不法利益，成立刑法第三百三十九條第二項的「詐欺得利罪」，可能被處五年以下有期徒刑、拘役或科或併科五十萬元以下罰金。

不過就雪莉聲稱被強制性交的部分，恐怕無法成立。因為雪莉是以被包養為前提，「自願」和大衛產生性關係，雖然是基於錯誤的動機去發生性行為，然而實際上雪莉的性自主意思並沒有受到大衛壓抑。既然雪莉的性自主權未遭受侵害，對大衛強制性交罪的指控自然不成立。

接著，我們來看另一種「性愛契約」關係。

∞只是「按摩」，也犯法了嗎？

瓜弟是一家按摩店的常客，這間店門口貼著「養生館專業女師」字樣的海報，進入其中，每個女按摩師都穿得性感火辣，服務態度總是讓瓜弟感覺十分良好，甚至有種戀愛的錯覺。

某一天，瓜弟又選了一個年輕辣妹小桃，在按摩時間結束後，小桃示意瓜弟加碼做特別的「攝護腺排毒」服務，還暗示瓜弟她的「嘴巴很靈巧」，於是瓜弟滿心欣喜地接受。不過，正當兩人進行到「排毒」的最後階段時，警察人員衝了進來……

在法律上，「性行為」的定義不僅包含傳統認知中的性器官接合，亦廣義地包括了口交、指交、異物接合等行為。刑法第十條第五項第二款規定，「以性器以外之其他身體部位或器物進入他人之性器、肛門，或使之接合」亦屬性行為的範疇。

所以，瓜弟和小桃在進行「排毒」的行為，已經符合法律上定義的性行為。而瓜弟又是花錢購買這樣的服務，那就成立性交易了。性交易的雙方均違反了社會秩序維護法，依該法第八十條，兩人可被處以三萬元以下的罰鍰。

相較於刑法，社會秩序維護法屬於行政法規，通常僅規範社會中較輕微的脫序行為。「罰鍰」屬於行政罰，受罰者不會因此而留下前科紀綠，也不會影響其「警察刑事紀錄證明」。

但要特別注意的是，假若和「未成年人」進行性交易，因惡性重大，此行為不僅違反社會秩序維護法，同時還可能違反了刑法或「兒童及少年性剝削防制條例」（下簡稱「兒少條例」）。意即「和未成年人性交易」不只會觸犯行政罰，還犯罪了！與未滿十六歲之人為有對價之性交或猥褻行為者，依相關刑法處罰（詳細探討請參閱〇七一頁〈交友約炮〉一文）；若十八歲以上之人與十六歲以上未滿十八歲之人為有對價之性交或猥褻行為者，則依兒少條例第三十一條第二項，處三年以下有期徒刑、拘役或十萬元以下罰金。

會客室外的律師真心話

過往，人們常帶著道德批判的眼光來看待因「性」而產生的所有活動，彷彿「性」是萬惡淵藪，然而自古以來，性產業從未因時代更迭而沒落過，甚至與時俱進，出現形式上的變化。帶有性交易性質的包養關係便是其中一種，其他類型的性交易更充斥在社會各個角落。

「社會秩序維護法」雖然曾於二〇一一年特別修法，授權地方政府得設立「性交易專區」來管理性工作者，但截至目前為止，仍未有任何性專區的設立，意即「眼下所有的性交易，都會違反社會秩序維護法」。

我們是否能理性思考：人類原始深層的欲望，是否真能用法律禁止得了？如果可以藉由立法來管理、保護性工作者，讓他們得以定期受檢，防止被性剝削，是否更能達到社會風險控管的效果？畢竟，把人性和欲望在表面上藏了起來，最後又是為難了誰呢？

08 {SM性愛}

明明簽了同意書，怎麼會一不小心就變殺人犯？

「律師，她是我第一個女朋友，我怎麼可能會想傷害她，甚至殺害她？她這樣告我，我真的完全不能理解！」

望著眼前這位斯文的初戀男，再看起訴書上羅列的罪名，我覺得格外驚悚。但作為律師，在法院判決確定前，每個人的起點都是無罪推定。

「我明白您現在心中一定五味雜陳，可以告訴我實際上到底生了什麼事嗎？」

「我和女朋友交往了一年多，大概是過了熱戀期吧，我們曾討論想要試試看新鮮的事物來為感情增溫，其中也包括了性愛上的探索。我們在上個月嘗試了第一次的SM……」講到這裡，初戀男低下了頭。

「是哪種方式的ＳＭ性愛，可以多給我一點細節嗎？」作為律師，哪怕是這樣的問題，也必須保持專業平穩的語氣。

「我們上網查了很多資料，有一種叫窒息式性愛，執行起來很簡單，不需要什麼道具……」初戀男的頭更低了。

「所以，進行的方式是？」

「就是……在過程中掐住她的脖子。」

「了解。那之後發生了什麼事，會導致她去報警呢？」

「可能是我在過程中太興奮了，沒有注意到她的反應。等到我回過神來，她已經滿臉通紅，看起來很痛苦的樣子，於是我趕緊鬆開手。」

「然後呢？」

「她喘過氣後，轉頭賞了我一巴掌，並且哭著跑出去報警。然後，我現在就坐在你面前了……」初戀男終於抬起頭，滿臉懊惱。

這位斯文的初戀男，你知道每年全世界有多少人死於所謂的「窒息式性愛」嗎？

如果你和女朋友上網做功課時，曾想到在「窒息式性愛」的關鍵字後面加上「死亡人數」，可能當初連試都不會試了吧……

∞當SM性愛玩過頭……

小剛是SM性愛的熱衷者，常在約炮軟體上尋找SM一夜情的對象。又因為喜好扮演施虐的角色，每每在網路上找到新的自願受虐者時，為求自保，會要求自願受虐者簽下「被虐同意書」，防止自願受虐者因為SM性愛過程中受到了身體傷害，日後將自己一狀告進法院。

某日，小剛在網路上遇到SM的同好保羅，兩人相談甚歡，保羅也同意簽下了「被虐同意書」，於是兩人依約前往汽車旅館進行SM性愛。

在施虐過程中，小剛用手勒緊保羅的脖子，卻沒有控制好時間與力道，不慎造成保羅死亡。保羅的家人悲痛欲絕，遂向檢警機關告發小剛故意殺人。

臺灣曾有過一樁「大學生箱屍案」，當時驚動社會並引發廣大討論。被告在實施SM的過程中將塑膠袋套在被害人頭上，性愛結束後，被告聲稱自己因為太累而睡著，以致於忘記移除被害人頭上的塑膠袋，導致被害人窒息死亡。

當時，法院審理的過程也反映出審理這類型案件的複雜性。最初，檢察官以過失致死罪起訴被告，法院一審、二審、更一審改依殺人罪判刑。而在更二審又出現重大逆轉，法官改判被告過失致死罪。刑期從原本的十三年減為後來的一年十個月。

為何刑期在前後審會有如此大的差異？關鍵就在於犯罪嫌疑人的主觀犯意，是故意殺人？還是不小心致人於死？

∞什麼叫「故意」？

法律上的「故意」區分為兩種，一種稱作「直接故意」，另一種則為「間接故意」。而無論是「直接故意」或「間接故意」，都是「故意」。

「直接故意」就是一般人所認知的故意，行為人主觀上對構成犯罪的事實有明確認知，並且有意要讓它發生。在案例中，假使小剛一開始就打算把保羅勒死，那麼小剛就是「直接故意」造成保羅死亡。

「間接故意」係指行為人主觀上對構成犯罪的事實有認知，並且能預見到其發生，最後這件事情的發生也不違反行為人自己心裡的意思。實務見解認為，預見其發生而其發生不違背本意者，以故意論。

假使小剛進行SM性愛到一半，發現保羅已經上氣不接下氣、滿臉通紅，小剛可以合理預見他若再繼續勒住保羅的脖子不放，可能會導致對方缺氧窒息。若此時，小剛仍然不以為意，心裡想著自己高潮比較重要，決定將性愛進行到底，最後導致保羅不幸死亡。則小剛對保羅的死亡就有「間接故意」，成立刑法第二百七十一條「殺人罪」，可被處死刑、無期徒刑或十年以上有期徒刑。

∞我真的不是故意的？

如果今天小剛真的只是因為性愛過程太激烈，而疏於注意保羅的狀態，導致悲劇發生呢？

小剛對保羅有施虐行為，屬一危險行為，小剛負有注意義務。因小剛未善盡注意義務，原本該防止危害的發生，小剛卻未有作為，導致原本可以避免保羅死亡的結果，最後仍不幸發生了。小剛主觀上雖無致保羅於死的故意，但對保羅死亡的結果仍應負起過失責任，會成立刑法二百七十六條「過失致死罪」，可處五年以下有期徒刑、拘役或五十萬元以下罰金。

∞「被虐同意書」是施虐者的救命符嗎？

假設某人可以忍受被打一巴掌，也同意讓對方打一巴掌。當對方真的打了他一巴掌，這位自願被打的人可以事後告對方傷害罪嗎？一般人的法感情都會覺得：「不行吧，剛才不是都同意了嗎？」

那麼，舉個更極端的例子：某人同意對方殺了自己，而對方也真的對他做了這件事，這位殺人者是否因著這個事前同意而免於殺人罪責？這時，一般人應該不會再覺得殺人者無罪吧，畢竟如果無罪，那豈不每個人都可以肆意殺人，之後再補一句「他叫我殺的」？

為什麼同樣是得到被害人的承諾，結果卻不一樣呢？這牽涉到「個人法益」能否被能被當事人同意而處分，可以處分的程度和範圍又是什麼。

個人法益有很多種，包括生命法益、身體健康法益、自由法益、財產法益等。其中高位階的法益，例如生命法益，是不能夠隨便憑個人自由捨棄或處分的。

假使我因為過得很厭世，於是異想天開，請身為好朋友的你幫忙了結我的一生。你為了完成我的心願，也同意幫我自殺。你會不會因為我事前有「請你殺了我」的請求就無罪？不會！你還是觸犯了刑法第二百七十五條的「加工自殺罪」。

那身體健康法益可以由個人自主處分嗎？事前主動同意讓別人來傷害自己的身體，有沒有可能？在產生輕傷並且符合公序良俗的前提下，這是可能的，手術之前都要簽署的「手術同意書」即是一例。醫療行為對個人身體所產生的傷害，在可接受的範圍內，是合法的，不會有太大的疑慮。

話又說回來，情侶間類似ＳＭ的情趣，帶有些許傷害性質的行為呢？事前同意被傷害的程度和範圍，可以無限上綱嗎？

法與時俱進，目前多數認同的法律見解是，在受被害人的承諾下所進行的傷害行為，如情侶間事先溝通好的親密行為，不必然會成立犯罪。然而這僅限於有限度的身體傷害，而且以不違反公序良俗為前提。因進行ＳＭ性愛而造成刑法第十條第四項所定義的重傷（關於重傷定義，請參閱一〇〇頁〈恐怖情人〉一文），甚至死亡結果，即使事前已簽下被虐同意書，都無法規避法律上的責任。

回到開頭，那位前來事務所求救的斯文初戀男，他能否洗刷冤屈？假使初戀男前面所說的都是實話，他一看到女生不舒服的樣子馬上停止。那麼，他的行為似乎沒有「間接故意」，可能是因為經驗不足導致沒注意到女生的反應，屬於「過失」。

值得注意的是，即便初戀男主觀上沒有任何傷害甚至殺人的故意（包含直接故意、間接故意），但他的過失行為假如造成女友身體重傷，重傷是不能得到被害人的事前承諾而阻卻違法的。初戀男的行為即會成立刑法第二百八十四條後段「過失致重傷罪」，可能面臨三年以下有期徒刑、拘役或三十萬元以下罰金。

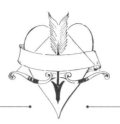

會客室外的律師真心話

高潮誠可貴，生命價更高！如果在床上嗜重鹹口味，崇尚自由的律師一向沒有什麼意見。但是請記得：安全第一，容易產生生命危險或重大傷害的行為，建議不要嘗試。畢竟一旦出了問題，一方恐得進醫院，沒有進醫院的那一位則可能得把床笫之間的細節攤在陽光下，被他人詢問和檢視。實在是增加情趣不成，變成了「情去」啊！

09 〔恐怖情人〕

打是情罵是愛，所以我好愛你？

一位帶著時尚大墨鏡的女郎，走進事務所的會議室。

「王律師，您的委託人到囉！」

聽到祕書的呼喚，本所的王牌大律師立刻起身，走進會議室開會。沒想到走出會議室時，王律師的表情明顯變得不自然，臉色極差。

「怎麼啦？剛才那位時尚當事人賞了你一頓排頭吃嗎？」我連忙上前關心。別以為所有的當事人都會尊敬律師，我們其實偶爾還要扮演出氣筒、諮商心理師、心靈導師的角色。

「無糖，你誤會大了，時尚女不是時尚，她是被男朋友打得像豬頭一樣。大墨鏡只是拿來遮掩她臉上的傷痕和瘀青罷了。」王律師倒抽一口氣，心有餘悸地說著。

原來，時尚女有個恐怖情人。想想最近所內收到的親密暴力事件好像愈來愈多，是現在生活壓力太大了嗎？

「她的傷勢很嚴重嗎？」我不禁好奇。

「她在會議室裡面把眼鏡拿下來時，我差點說不出話來。雙眼被打到整個腫脹瘀血，只剩下瞇瞇眼的兩條線，幾乎看不到眼睛了。」王律師邊說邊搖頭。

「王律師，你有被交往的情人打過嗎？」

「有啊，我曾經因為忘記交往紀念日被賞巴掌……」

「哇！你居然被賞過巴掌，你可是本所堂堂的王牌律師呢！」

「喂，開心個什麼勁啊？這不是一件光彩的事吧！你看，連我們當律師的，都會不小心被情人賞巴掌。大部分的人在交往中，或多或少都遭遇過暴力事件吧……」

當玫瑰色的愛情，不幸沾染上一抹血紅時，我們該如何保護自己呢？

∞遇上恐怖情人，法律上如何自救？

莉子和阿健是一對交往多年的情侶，莉子深愛著阿健，卻遲遲不敢和阿健結婚。因為阿健貪杯成癮，喝醉酒後看到莉子就是一頓拳打腳踢，好幾次把莉子打到不成人形，無法去工作。每當莉子下定決心要分手，阿健又是痛哭又是下跪的，屢發毒誓承諾之後絕不再犯，但莉子的好日子往往都撐不了幾天。

這一晚，阿健又發酒瘋，把莉子打到耳膜破洞、身上多處骨折、眼球出血，嚴重影響到她的聽覺和視覺機能。莉子不願再隱忍，決心離開這個只會傷害她的男人，並且要他負起法律上應負的責任。

一開始是被伴侶一次兩次地呼巴掌，接著就是愈來愈嚴重的施暴毆打？別以為這種事情很少發生，其實有許多人是隱性的暴力受害者，把受傷處遮著掩著，讓旁人看不出來。

這些被害人大都因為一時半刻無法擺脫施暴者的控制，被暴力相向後也往往敢怒不敢言，之後便墜入被長期暴力的惡性循環。如同遇上恐怖情人的莉子，她在法律上能夠怎麼自救呢？

首先，就刑法的部分，莉子的聽覺和視覺因阿健的暴打行為而導致嚴重的功能性毀損，阿健犯下的可不是普通傷害罪（刑法第二百七十七條），而是刑度高出許多的「重傷罪」。

依刑法第二百七十八條：「使人受重傷者，處五年以上十二年以下有期徒刑。」又依刑法第十條第四項，若毀敗或嚴重減損視覺、聽覺、語言、味覺、嗅覺、四肢、生殖等機能，以及其他造成身體健康重大不治或難治的傷害，即符合「重傷」的定義。阿健嚴重傷害莉子致重傷，恐將面臨五年以上十二年以下的有期徒刑。

再來，預防重於治療，莉子還有其他的方法保護自己免於被施暴嗎？

對於親密關係中的暴力，多數人可能都有聽過「家庭暴力防治法」（下簡稱「家暴法」），但家暴法的保護對象為何？難道僅限於「家庭成員」嗎？

依家暴法第六十三條之一的第一項及第二項，被害人年滿十六歲，遭受「現有親密關係」或「曾有親密關係」之未同居伴侶施以身體或精神上不法侵害之情事者，可準用家暴法關於聲請保護令之相關規定。條文中所稱的「親密關係伴侶」，是指雙方以情感或性行為作為基礎、發展親密的社會互動關係。

莉子和阿健既然是交往中的男女朋友，自然符合前述「親密關係」的要件，縱使日後莉子決定與阿健分手、不再與阿健同住一起，成為前述法條中所謂「曾有親密關係之未同居伴侶」（意即不再同居的分手情侶），仍可準用家暴法，聲請保護令來保護自己。

莉子在遭受暴力行為的當下，即可向警察機關報案求援，請警察幫忙聲請「緊急保護令」。畢竟，法院審理案件須要時間，可能遠水救不了近火。有了「緊急保護令」護身，莉子的人身安全就多了一層保障。

假使阿健不顧保護令的限制，再來騷擾莉子，或做出其他違反保護令的行為，即犯下家暴法第六十一條的「違反保護令罪」，可能被處以三年以下有期徒刑、拘役或科或併科十萬元以下罰金。

∞看不見的傷害，也能被保護嗎？

琳琳當初被阿德斯文有禮的氣質吸引，答應交往，朝夕相處後才發現阿德是個疑心病很重的控制狂，更三不五時數落琳琳，嫌棄她長得不夠漂亮、身材不夠好、學歷不夠高。琳琳在這段日子裡變得非常沒有自信，甚至開始看憂鬱症門診。半年後，琳琳終於受不了阿德成天奚落和奪命連環call，鼓起勇氣提出分手。

沒想到，阿德聽到「分手」二字，像是發了瘋似的，強將琳琳反鎖在同居公寓的房間裡，要她好好反省，檢討自己的不成熟。在這段時間，阿德拿走琳琳的手機、鑰匙，讓琳琳求救無門。雖然仍有正常的飲水和食物，但無法踏出房間半步。

因為沒去上班，琳琳的公司主管聯絡上她父母，告知琳琳已曠職數日。父母焦急萬分，馬上報警，最後終於把琳琳從阿德的公寓中「解救」出來。

阿德私自拘禁琳琳，將她置於自己實力支配下，強行剝奪她的行動自由，並持續相當之時間，不讓她出門，此已侵害琳琳的人身自由。阿德已觸犯刑法第三百零二條第一項的「私行拘禁罪」，可能被處以五年以下有期徒刑、拘役或九千元以下罰金。

私行拘禁的部分較無異議，但就阿德平時瘋狂的「控制行為」和「言語霸凌」，難道就無法可管嗎？特別是「精神虐待」的部分，可能對被害人產生更深遠、更長期的心理傷害。

前述提過，交往中的情侶也得依家暴法第六十三條之一準用該法部分規定。依家暴法第二條：「家庭暴力：指家庭成員間實施身體、精神或經濟上之騷擾、控制、脅迫或其他不法侵害之行為。」可見不僅是肢體上的暴力，舉凡恐怖情人對另一半緊迫盯人、過分的控制欲、干預其正常社交、要求掌控財務、要求交出所有帳號密碼等等不當干預，或是有習慣性斥責、言語暴力等類行為，都屬於家暴法中所謂的「精神或經濟上之騷擾、控制、脅迫」。

琳琳可依家暴法第六十三條之一第一項，主張其精神受到阿德不法侵害，準用家暴法關於保護令之規定。琳琳更可以提出醫院憂鬱症就診相關紀錄和診斷證明，以及錄下阿德習慣性言語霸凌她的內容，作為聲請保護令的依據。

無論是誰，一旦被暴力以對，請立刻報警處理，並盡可能地保留相關的證據，如受害過程的錄音、受傷的照片、醫院驗傷單等，以便日後作為呈堂證供，讓暴力受到應有的法律制裁。

會客室外的律師真心話

恐怖情人通常有跡可循，比如會以懷疑外遇為由，偷看交往對象的手機、日記、電腦等私人物品。如果你不幸遇上三不五時傳恐嚇訊息、奪命連環 call，甚或經常以暴力相脅的人類，請在交往階段趕快斷、捨、離。不要心存妄想，認為愛情可以改變另一半的暴力傾向。這樣的愛情，改變的只有身體受傷和心靈受損。

逃跑不可恥，「愛情誠可貴，生命價更高」，可別「愛到卡慘死」啊！

10 〔沉默不告〕

就是因為太愛你，所以我才不敢對你說

「律師，那個當事人一早就在會議室大哭，我們已經百般安撫都沒用，事務所快被掀了，您能不能趕緊回來辦公室？」一早，助理就急急忙忙地打電話給我。

「咦？早上的會議不是約十一點嗎？現在才九點半，我還在外面談事情……」

「我知道，但這個當事人有點失控，我們都 hold 不住，他說他現在就必須要見到你。」助理語帶哀求。

「唉，我知道了，這裡告一段落我就馬上趕回去。」我無奈地掛上電話，只能趕緊和對面的客戶賠不是再改約。

旋風般地趕回事務所，一走進會議室……

「您是律師嗎？哇！我的婚姻就靠您來拯救了！我不能沒有我老婆，沒有她我會活不下去！」當事人邊激動地說著，邊抓著我的肩膀猛力搖晃。

「好的，好的，我知道了。您先請坐，先緩一緩情緒吧！」

「我老婆說我婚前騙她，她現在請了一個律師，說要撤銷我們的婚姻。怎麼辦？」

「請問，剛剛您提到太太說您婚前騙了她，方便告訴我是什麼事嗎？」

「她指的騙婚，指的是我有精神方面的疾病，婚前卻沒有告訴她……」

「這樣子啊，為什麼不告訴她呢？您這邊有什麼考量嗎？」

「她沒主動詢問過我呀！況且她之前曾經告訴我，她不喜歡情緒浮躁的人，因為她爸爸有很嚴重的躁鬱症。她都這麼開口了，我難道還要主動告訴她嗎？那該有多煞風景啊！」

「明白。那您說患有精神方面的疾病，我方便向您了解一下細節嗎？」

「其實……我也患有躁鬱症……」

「……！」

∞婚前的一切，居然都是演出來的？

大杉相當有女人緣，交過的女友多到可以集滿十二生肖配四種血型，年輕時還經歷了三段婚姻，並且和其中兩任前妻分別育有一子一女。雖然大杉外貌沒有特別出眾，但擅長表現出貼心討好的舉動，讓異性相信他是個適合結婚的人選。

這一回，大杉又遇到了「真愛」小海。小海自幼看著花心父親經常讓母親以淚洗面，因此在感情上一直趨向保守穩健路線，期待另一半能敦厚忠實。

交往期間，小海曾向大杉確認他是否和她一樣單純，裝乖第一名的大杉當然說自己宛如一張白紙。兩人於是步入禮堂，但紙終究包不住火，小海婚後意外發現大杉原來有過多段婚姻紀錄，甚至和前妻們還育有子女，該怎麼辦才好？

大杉刻意「假清純」，隱瞞自己的婚姻紀錄和育有子女之事實，使小海誤以為他符合自己心目中配偶的品德標準，並進而結婚。大杉如此的行為，是否屬於「詐欺結婚」呢？

實務判決曾對詐欺結婚如是定義：「所謂因被詐欺而結婚者，係指凡結婚當事人之一方，為達與他方結婚之目的，隱瞞其身體、健康或品德上某種缺陷，或身分、地位上某種條件之不備，以詐術使他方誤信自己無此缺陷或有此條件而與之結婚者而言。」大杉在婚前對小海隱瞞曾經多次結婚、離婚，此等乃屬於重要事實。面對小海的婚前詢問，大杉詐稱自己「宛如一張白紙」，明顯扭曲事實，故意誤導小海信其忠厚老實，進而對其品德造成錯誤評價。

依民法九百九十七條：「因被詐欺或被脅迫而結婚者，得於發見詐欺或脅迫終止後，六個月內向法院請求撤銷之。」小海發現自己被大杉騙了之後，可以在「發現時」起算六個月之內，向法院訴請撤銷她和大杉的婚姻。

∞不告知精神病史，算騙婚嗎？

回看一開始來到事務所的躁鬱症先生，他先是對交往對象隱瞞自己有躁鬱症，並進而結婚，太太婚後發現，可否用先生對她「詐欺結婚」為由來撤銷婚姻？

最高法院相關判例見解認為：「身心健康為一般人選擇配偶之重要條件，倘配偶之一方患有精神病，時癒時發，必然影響婚姻生活，故在一般社會觀念上，應認有告知他方之義務，如果被上訴人將此項婚姻成立前已存在之痼疾隱瞞，致上訴人誤信被上訴人精神正常，而與之結婚，即難謂上訴人非因被詐欺而為結婚。」

依此，先生明明知道自己患有躁鬱症，若該病症尚未治癒且其程度可能影響日後婚姻生活，依一般社會觀念，應認先生於婚前有告知義務——即便太太沒問起，都應該主動告知。倘若婚前太太有問起，而先生還刻意隱瞞，導致太太以為他是精神正常之人，更可認為太太因被詐欺而結婚。

但是，如果先生在婚前都一直精神正常（或是已被治癒），而太太也在婚前從未詢問起相關問題呢？最高法院曾判決認為「行為人單純未告知，與故意隱瞞病情之詐欺仍屬有間，自難援引比附。」亦即先生如果只是單純地沒有主動告知，或可能也相信自己已被治癒，沒問題了，此時很難說先生「詐欺」。此時，太太大概也只能摸摸鼻子，接受事實。

∞你好像誤會了，但被你誤會的感覺真好！

Ben是一名朝九晚五的上班族，他的好兄弟生日時邀他晚上一起去夜店慶生。Ben心血來潮，租借了一輛藍寶堅尼，準備與兄弟來個狂歡之夜。而就在那一夜，Ben邂逅了他今生的摯愛Kate。

Kate是Ben心目中的女神，兩人只約會了一個月，Ben就求婚了，Kate也爽快地一口答應。婚後Kate才發現，原來Ben只是一個平凡上班族，而她坐過幾次的藍寶堅尼原來也只是借來的。頓時，Kate覺得自己「被騙了」，於是告Ben詐欺結婚，準備撤銷婚姻。Ben覺得莫名其妙，不懂自己到底哪裡詐欺了Kate。

Ben 有「詐欺」Kate 去結婚嗎？換個角度看，或許也有些人覺得 Kate 明顯是個「淘金族」，自己沒事先調查清楚，才會踢到鐵板。

很多男性在約會的時候，為了吸引女生，會做一些稍微「膨風」的事情來討好女生。好比明明沒有賺很多，約會地點卻一定選米其林餐廳，打腫臉充胖子；或明明開國產車，但非要和朋友借豪車來載女朋友出門，滿足香車美人的虛榮心。

假使今天男生在婚前使出洪荒之力，為討女友歡心不惜散盡家財，最終抱得美人歸。而美人婚後才發現，她所面對的不是名車豪宅，而是一疊又一疊的卡債。此時美人心裡會有什麼感受呢？我想，大部分的人面對如此窘境，多少會產生「原來之前的一切都是演出來的」的受騙感吧。

而此般「誇大不實」的行為，法律上如何評價呢？這牽扯到在交往的過程中的雙方互動。我們不妨假設後述兩種情況：

∞笑而不答——「單純未告知」

假設 Kate 上了藍寶堅尼之後，隨口問 Ben 一句：「哇，這部車應該很貴吧？」Ben 回答：「是啊，這部車不便宜！」這部車的確不便宜，Ben 並沒有說謊，只是迴避了重點——這部車不是他的。即使 Kate 可能基於常理推測，自行「腦補」這部車是 Ben 的，但因 Kate 並非問 Ben：「哇，這是你的車嗎？」不能強說是因為被 Ben「詐欺」才以為車子是 Ben 的。

不只是財務面向，一方基於部分事實和自己的觀察，之後自行揣想關於他方的健康狀況、家庭狀況的敘述也都同理適用。而針對對方心底的臆測表示沉默，沒有主動去澄清或否認，難道法律上也不容許這樣的情形嗎？

Ben 不主動告知 Kate 其實他沒有她想像中的有錢，與故意欺騙、刻意隱瞞等行為仍有區別，不能因此就認定 Ben 有詐欺的故意。如前述的實務見解，行為人單純未告知，與故意隱瞞之詐欺仍屬有間，自然難以援引比附。

∞先騙到你再說──「故意詐欺」

假設Kate坐在藍寶堅尼的前座，讚嘆Ben擁有如此豪華的車子時，Ben開口答道：「是啊，這部車不便宜！還好，我的薪水負擔得起。」

這時，Ben顯然在說謊，他的回答會讓Kate產生「Ben可能很有錢」的錯誤想法，更加深Kate原本與事實不符的臆測。

假使一個人並沒有那樣的身分、地位、條件，在交往對象確認情況的時候，卻又故意大言不慚，甚至誇下海口說出非事實的描述，最後讓對方點頭答應結婚，這樣就可能構成民法上的詐欺結婚。

好比，當Ben在面對Kate的詢問時，不僅說車子是他自己的，甚至加油添醋地說他家是知名上市公司，在海內外有上億資產，每個月光是租金收入就達上百萬，嫁給他絕對不會過苦日子之類的話──但這些內容並不是真的，只存在於Ben的幻想裡。Ben此等行為就明顯地有詐欺故意，想讓Kate對事實產生錯誤的認知，並因此同意結婚。

如果Kate對Ben關於身分地位的不實言論信以為真，也真的因此嫁給了Ben。已婚的Kate仍然可以Ben「詐欺結婚」為由，依民法九百九十七條，於發見詐欺後六個月內向法院請求撤銷其婚姻。

會客室外的律師真心話

想要與情人共組家庭的你，也許會羞於把自己的缺點展現在另一半面前，甚至想要刻意隱瞞。但如果能在婚前誠實地和對方討論彼此財務、健康、婚姻紀錄、病史、家庭狀況，就有機會趁早發現彼此間的問題和矛盾所在，也可盡快解決問題與磨合。即使坦白後解決不了問題，不結婚對兩人或許反而是件好事。

在半遮半掩下結的婚，一旦遮羞布被扯掉，多半只剩下離婚一途。既然是想要牽手走一輩子的人，婚前坦誠相待，也許對方不但不會離棄，甚至還願意與你一起攜手共度難關呢！

11 ｛性病傳染｝

／我只要你的愛，不要愛的紀念品

「律師，我女兒很乖，她從高中就和這個男生在一起，到現在也只交往過這麼一個男朋友。所以，我發現她被這個男生傳染菜花的時候，我真的不能接受！我好好的一個女兒，現在被他搞成這個樣子，以後怎麼嫁人啊？」

一位中年婦女一邊抹去眼角不停流下的淚水，一邊不平地說著。

她身邊坐著的是一位年約二十幾歲的年輕女孩，留著及肩的黑直髮，臉上未施脂粉，穿著中規中距。看起來就是個乖乖女。

女孩一直沒有說話，面無表情、眼神空洞地直視前方。的確，任何人遇到這種鳥事，應該都不知道該說什麼吧？我在心底默默地嘆了口氣。

「請問一下，這個男生知道自己得到這種性病嗎？」我問了一個關鍵性的問題，關係到這個男孩日後在法律上會被怎麼評價。

「他當然說他不知道啊！但就算他真的不知道，難道就完全沒有法律責任了嗎？如果不是他在外面亂搞一通，得到這個病，再把病傳染給我女兒。我女兒怎麼會淪落到今天這種下場呢？」媽媽老淚縱橫，心疼地望向女兒。

女孩依舊沒有任何反應，轉頭望向窗外，不哭不笑不言不語，彷彿身處在另一個空間，這小小會議室裡正發生的一切，都與她無關。

我看著這個女孩，胸口好似被磚頭堵著。想要說些安慰的話，卻又覺得說什麼都是多餘的。還是努力幫她在法律上討回一個公道吧！

那位始作俑者的男孩，將要面對的是什麼呢？只要聳聳肩、面帶無辜地說一句：「我什麼都不知道呀！我不是故意的。」是不是就一切都沒事了呢？

法律，會還給這個年輕女孩一個公道嗎？

∞他說不知道自己有性病，是存心故意，還是無心過失？

小凱是個多金又有才的企業家，三十歲出頭已經事業有成，有車有房，身邊更永不乏美女。而小凱也來者不拒，認為人不風流枉少年。

一日，小凱遇上了美麗又聰明的新創業者雪兒，浪子終於願意回頭。本以為是郎才女貌的一對，但兩人認真交往沒多久，雪兒就發現自己的私密處長出大大小小的水泡。雪兒懷疑自己被小凱傳染性病皰疹，要求小凱去做身體檢查。沒想到檢查結果一出來，小凱除了沒有愛滋病之外，其他的性病幾乎全都包辦了。

震驚的雪兒無法接受，立刻和小凱分手，也請律師處理後續相關的法律問題。

類似這樣的案例，在我們生活中其實常有所聞。許多乖乖女，莫名其妙得到花柳病，原來始作俑者就是身邊那位愛玩的男朋友。還有更多是默默在家當賢妻良母的太太，先生出差一趟回來，同房後沒多久，就讓太太的私密處花兒朵朵開。遇到這種倒楣事，該怎麼辦？

若探究性病傳播相關法律上的沿革，以前本有「傳染性病罪」，這條罪不但罰得輕，而且相當不容易成立。被害人需要證明該位性病傳播者主觀上「明知」自己有性病，還故意隱瞞，再去傳染他人為要件，否則對方無法成立該罪。在法律上，欲證明對方主觀上有「故意」，是非常困難的一件事。若對方矢口否認，擺出一副天真無邪的樣子，受害者通常也拿加害者沒轍。

就算好不容易被害者舉證成功，加害者成罪了，對於惡意傳播性病者的刑罰，不過是法定刑一年以下的有期徒刑。在這樣的情形下，被判刑者通常會被易科罰金（即破財消災，不會真正送傳播者去坐牢的意思）。有鑑於此般不合理的結果，這條舊法下才有的罪名被刪除，改用刑法普通傷害罪的規定來論處。

修法後，就算是傳播者因為之前不小心被傳染性病而不自知，後來又再傳染給別人，仍可以成立刑法第二百八十四條的「過失傷害罪」，可被處一年以下有期徒刑、拘役或十萬元以下罰金；如果一開始就知道自己是性病帶原者，還故意不做防護措施，導致別人受到傳染，就有機會成立第二百七十七條的「普通傷害罪」，刑度則提高為五年以下有期徒刑、拘役或五十萬元以下罰金。

在這個例子中，小凱處處留情的結果，導致自己不慎得到了性病。倘若小凱一開始就知道自己得到性病，與雪兒進行性行為時也不做任何保護措失，使雪兒也不幸染上性病，小凱即成立普通傷害罪。如果小凱因為一直無病徵，也沒有積極地進行健康檢查，以為自己是「STD free」（無性病的），即便如此，小凱仍需負上過失傷害罪的刑事責任。

∞特殊性病的規範——以愛滋病（AIDS）為例

有些性病，因為比較嚴重，有時甚至會威脅到受感染者的生命，法律另外以特別法規條例來規範它。例如廣為大眾所知的愛滋病，就有「人類免疫缺乏病毒傳染防治及感染者權益保障條例」。若愛滋病帶原者明知自己已感染愛滋病，卻隱瞞了這項事實（包括積極欺騙和消極不告知），仍然與別人進行未經隔絕器官黏膜或體液而直接接觸、且經醫學評估有重大傳染風險的「危險性行為」（依衛生福利部最新公告修正後之《危險性行為之範圍標準》第二條解釋），因此導致他人受到傳染，帶原者將會面臨五年以上十二年以下的重刑。

回看一開始來到事務所的那位乖乖女，如果她今天得到是愛滋病，情況就比較複雜了。如果有證據可以證明男友是在「明知」自己帶病、並隱瞞病情的情形下，選擇和乖乖女進行危險性行為，導致乖乖女染病。那麼，男友將可能被求處五到十二年的重刑。

有發現一個弔詭的地方嗎？假若這位男友主張他不知道自己有得病，即不符合「明知」的要件，那麼這條針對愛滋病制定的特別條款即不能成立。這豈不是變相鼓勵大眾把頭埋進沙子裡，「只要事前在主觀上不要知道自己得病，不就沒事了」？法律要求知情的帶原者必須在與別人濃情蜜意之前先主動告知、自揭身分，反而造成可能感染愛滋的潛在帶原者不敢主動去篩檢。現行規定恐導致駝鳥心態，如此一來，對風險控管會否有負面影響？值得我們深思。

會客室外的律師真心話

根據研究，性病患者可能會出現一些心理上的負面感受，如羞恥感、負罪感，甚至悲觀絕望、覺得自己不再值得被愛等。也曾發生過這樣的案例：被傳染到性病的受害者，因為心有不甘，轉而成為加害者，到處「散播病毒散播愛」。這完全是損人不利已的行為，除了高風險性行為可能加劇病情之外，傳播者還得負上刑事責任。

其實，生活在醫學昌明的現代，實在不應再帶著有色眼鏡去看待性病帶原者，而不幸感染性病者也更應該勇於面對，接受治療。就連以前被視為不治之症的愛滋病，現在只要定期投藥、重視保養，日子還是可以過得開心長久的！

12 {為愛墮胎}
致那些來得不是時候的小天使

氣急敗壞的媽媽，以及一個哭哭啼啼的年輕女孩。一早，會議室格外喧鬧。

「律師，我一定要這個男孩子付出代價，我要告他！」一進會議室，這位媽媽就向我殺氣騰騰地表明立場。

「媽，你不要這樣子好不好？是我和他一起決定不要這個小孩的！又不是他逼我的！」一旁的年輕女孩低聲地替男友求饒。

「你們決定？你們怎麼決定？請問你們現在才幾歲？」母親不滿地反問。

「我們都已經長大了，不是小孩子了！」女孩不禁提高聲量反駁。

「你們都還是未成年人，知道嗎？而且他找的那是什麼鬼密醫，把你的身體搞成現在這樣！還在流血不是嗎？」看得出來母親既生氣又心疼，邊講邊強忍著哽咽。

會議室氣氛凝重，頓時沒人敢再出聲。

「好，大家都先冷靜一下。其實根據法律規定，未成年少女若想施行人工流產，必須先取得法定代理人同意。所以，這位妹妹，你在接受這個手術之前，的確應該先和爸媽討論一下的。」好不容易等到母女倆吵完架的空檔，我終於有機會發言了。看了手邊的資料，這位女孩才十六歲而已。

女孩聽了，默默低下了頭。

其實，她心底也知道應該和父母先說一聲的吧！只是因為太害怕被責備，於是自己偷偷跑去不合法的地方接受人工流產。術後發生了後遺症，不但使父母都知道了，事情也變得更複雜了……

∞人工流產手術，怎樣算合法？怎樣不合法？為什麼不合法？

小智和小美是國中同學，因為彼此欣賞，很自然地在一起。小倆口在升高中的那年暑假，禁不住誘惑偷嘗禁果。但因經驗不足，沒有做好該有的防護措施，小美不小心懷孕了。

害怕被父母責備的小智，先跑去找哥哥商量，哥哥介紹了當初幫自己女友墮胎的診所，並且安慰小智：「放心啦！這裡的醫生技術很好，重點是他們不會真的和你要父母同意書，自己隨便簽一下就好。」於是小智帶小美前往哥哥推薦的診所就醫。

在診所當中，醫師要求小美必須先自行（偽造其父母）簽署一張「手術及麻醉同意書」，才願意為其施行人工流產手術。於是小美當場在診所裡仿造爸媽的簽名，做成假同意書。

最後，手術雖然完成了，但小美的身體卻因醫師在手術中的醫療疏失，從此留下後遺症，恐導致終生不孕。小美的父母知道後，怒極攻心，決意要追究所有相關人的法律責任。

人工流產手術，依現行法律，是「有條件」的合法。依現行「優生保健法」（依修正草案，日後更名為「生育保健法」）第九條第一項，懷孕婦女只有在六種情況下方得進行人工流產，而不會受到刑法第二百八十八條「墮胎罪」的處罰。這些情況分別是：

一、本人或其配偶患有礙優生之遺傳性、傳染性疾病或精神疾病者。

二、本人或其配偶之四親等以內之血親患有礙優生之遺傳性疾病者。

三、有醫學上理由，足以認定懷孕或分娩有招致生命危險或危害身體或精神健康者。

四、有醫學上理由，足以認定胎兒有畸型發育之虞者。

五、因被強制性交、誘姦或與依法不得結婚者相姦而受孕者。

六、因懷孕或生產，將影響其心理健康或家庭生活者。

∞身為女人的我，可以自行決定墮胎與否嗎？

依優生保健法第九條第二項，有兩種人無法單獨由「自己」決定是否施行人工流產：一是未成年人，其在施行人工流產手術前，須取得法定代理人的同意；二是已婚婦女，若想依前述「因懷孕或生產，將影響其心理健康或家庭生活者」為理由而自願墮胎時，在施行人工流產手術前，須取得配偶的同意。

縱使小美不想生下小孩，因她是未成年人，依現行法律規定，她必須先取得法定代理人（通常為父母）的同意，才能施行人工流產手術。

幾歲算「成年」？原本民法的成年年齡是二十歲，但自二〇二三年一月一日起，民法成年年齡正式從二十歲降為十八歲。

∞偽造簽名，犯了什麼罪？

小美因害怕被父母知道，於是偽造了父母同意書（刑法第二百十條「偽造私文書罪」）並行使之（刑法第二百十六條「行使偽造私文書罪」）。小美偽造私文書後進而行使，實務上僅論行使偽造私文書一罪，因偽造之「低度行為」會被行使之「高度行為」所吸收而不予論究。

多數人可能都聽過「偽造文書」的罪名，而一般刑法所稱的「偽造文書罪」，可再細分為「偽造私文書罪」和「偽造公文書罪」。「私文書」指非公務員製作的文書（如小美偽造父母親的簽名），「公文書」則指公務員製作的文書。後者的刑罰比前者來得嚴重，偽造私文書可能被處以五年以下有期徒刑，偽造公文書則可能面臨一年以上七年以下的有期徒刑。

∞墮胎這件事，「他們」說可以這樣做……

小智與小美討論後，慫恿小美在未經其父母同意的狀況下，逕自去找醫生施行人工流產，會成立墮胎罪的「教唆犯」。依刑法第二十九條，教唆他人使之實行犯罪行為者，其處罰，依其所教唆之罪處罰之。因此，小智成立刑法二百八十八條第二項聽從墮胎罪的教唆犯。

而小智哥哥去打聽和查找可以施行手術的醫師的行為，也可能成為幫助他人實行犯罪行為的「幫助犯」。依刑法第三十條，幫助犯之處罰，得按正犯之刑減輕之。在此例當中，小智哥哥也可能被處以刑罰，只是法院可能會判處較原墮胎罪的刑度來得輕。小智哥哥成立刑法二百八十八條第二項聽從墮胎罪的幫助犯。

∞私行人工流產手術者的責任？

依現行法規定，未婚之未成年人懷孕，如未得到其法定代理人同意，任何人均不得依未成年人的囑託施行人工流產手術。

診所醫師為營利而替小美施作人工流產的行為，已成立刑法第二百九十條的「圖利加工墮胎罪」，這是刑法第二百八十九條第一項「加工墮胎罪」的加重規定，可被處六月以上五年以下的有期徒刑，得併科一萬五千元以下罰金。

值得留意的是，該醫師在手術前教唆小美偽造其父母簽名，以用來滿足法律上法定代理人手術同意書的要求。這樣的行為，會成立行使偽造私文書罪的教唆犯，將依其所教唆之罪來處罰，可能被處五年以下有期徒刑。

至於醫師手術不慎，造成小美身體終生不能受孕。倘若該醫師違反醫療上必要之注意義務且逾越合理臨床專業裁量，被判斷有醫療疏失，施行不當的醫療行為，在過往恐怕會被判刑度較重的「業務過失傷害罪」，但該條罪名業因其規定有違平等原則之虞，已遭刪除。醫師將依刑法第二百八十四條過失傷害罪論處，若其不當醫療行為導致一般傷害可處一年以下有期徒刑、拘役或十萬元以下罰金；導致重傷者可處三年以下有期徒期、拘役或三十萬元以下罰金。

∞發人省思的婦女身體自主權

「這是我的身體，為什麼我一點自主決定權都沒有？」」這是目前已婚婦女不小心懷孕卻不想生下孩子時會產生的心聲。

曾經聽過這樣的案例，案主是一位年輕的太太，她非常愛她的先生，但是身體精神狀態都非常不好，自認尚未準備好生下孩子。想要接受人工流產手術的她，根據現行法律，須先取得配偶的同意。然而，她的先生不同意。先生很喜歡小孩，堅持太太應該生下孩子，並揚言如果太太接受人工流產手術，就表示太太不珍惜兩人愛的結晶。夫妻為了這件事，成天吵得不可開交，鬧著要離婚。

另一個案子也令人唏噓。一名先生因為一直想生個「兒子」，堅持在親密行為時不做任何避孕措施。太太只好一路懷孕一路生，淪為「生子機器」。等到第七個是兒子，先生方才罷休，但太太已因長期被先生忽略身體和心理健康，一人照顧眾多孩子們，精神恍惚，身體孱弱。

在二十一世紀的今天，我們殊難想像——只要先生想要太太不停地懷孕生子，太太就必須默默接受，因為最終的墮胎同意權握在先生手上。

這些聽起來讓人相當不能理解的事，卻是真實上演的人間鬼故事。依「優生保健法」第九條作嚴格解讀，一位已婚的懷孕婦女，若未經配偶的同意，除非是患有疾病、避免造成生命健康危險或有產生畸胎之虞等原因，原則上不得墮胎。這是現行法律架構下，已婚婦女會產生的困境。合法醫院面對想要施行人工流產的婦女，無論女方多麼不願意懷孕生子，只要沒有取得配偶同意，醫院也僅能依法辦理，不能為婦女施行人工流產。

但如果一名已婚婦女心意堅決，在沒有得到配偶同意下，仍私下找到醫師為其施行人工流產，難道她會因此觸犯刑法的墮胎罪而受到刑罰制裁嗎？助她墮胎的醫師，是否也會因此而觸犯刑法？

實務上，曾有丈夫把為妻子實施人工流產的醫師一狀告上法院。法院在該案中，對優生保健法的「配偶同意權」作如是解讀：「婦女是最了解自己身心狀況的人，是否選擇繼續懷胎，除有堅強的醫學上理由，認為婦女繼續懷胎有害生理健康外，應尊重孕婦本身的意願，不能認為配偶的同意與否，可以取代婦女的意思。否則勢必會透過法律，加深婦女因性別不平等結構所處在的劣勢地位。」優生保健法第九條雖規定懷孕婦女因懷孕或生產影響心理健康或家庭生活，可依其自願施行人工流產，但有配偶者，應得配偶同意。這樣的規定，僅只是行政措施，而不能解釋成是刑法墮胎罪要保護的利益。

這宗丈夫的自訴案，最後因法院認為丈夫並不是刑法墮胎罪章的保護對象而不獲起訴。法院認為丈夫的同意權僅是行政措施，並不是墮胎罪章想要保護的主體，故丈夫不能仗著自己沒同意，就想用刑法將人入罪。醫生即便手術前未取得丈夫的同意，丈夫若以此為由提起自訴，也可能不被法院受理。

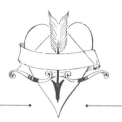

會客室外的律師真心話

小孩的生命權重要？還是婦女的身體權比較重要？我們不難從近期法院的審理態度，看出相關法律的修改趨勢：以尊重母體的身體權為優先，配偶同意權逐漸被淡化。

為了回應現行法律架構對女性所產生的矛盾困境，衛生福利部國民健康署更於二〇二二年四月宣布優生保健法修正草案刪除婦女施行人工流產須得到配偶事前同意的規定，以期符合聯合國大會「消除對婦女一切形式歧視公約」（CEDAW）的建議。此修訂是為呼應對婦女身心健康的重視，以及女性身體自主權的尊重，期許能適度鬆綁現行法律對婦女施行人工流產手術時過度的形式要求。

13 〔小三人生〕

小三百百種，你曾不小心經歷其中一種？

「律師，我不是沒有想過要放棄過這段感情。他一開始明明說他是單身，我就把心和身體都交給他了。後來才發現他已婚。一段感情怎麼有辦法說斷就斷？最莫名奇妙的是，那一個自稱是他太太的人，現在打電話來說要告我。」

坐在我面前的女子，年紀約三十出頭。略施脂粉的她，氣質清新婉約。實在很難把「小三」和這樣的女子聯想在一起。

「您是怎麼發現他的已婚身分呢？」某種程度，她也是這段三角關係的受害者吧，我心裡暗暗地同情她。

「他太太發現我們一起出遊的照片，氣到說要告我。我那『男友』知道最終一定紙包不住火，後來便來向我坦誠他已婚的身分。」

「明白。那您現在有什麼初步的想法嗎？」

「我不甘心被這個爛人騙了那麼久，而且還被他太太告！我在法律上有辦法讓這個男人付出任何代價嗎？」

「嗯……我想，這是有機會的。」

「太好了！那……律師，我其實還有另外一個問題……」

「您請說。」我推了推鼻梁上的眼鏡，心想這案情還算單純，最大的重點已經釐清，可以準備收尾送客寫狀紙了。

「發生這件事情之後，我心裡實在承受不了，就找了前男友訴苦。」

「嗯，這個我可以理解。那有什麼問題嗎？」

「結果那天晚上，我們發現對彼此都還有很深的感情。於是，我們不小心就發生性行為了。重點是，他現在已婚，還有個小孩……」

我才嚥下口的茶，此時差點沒噴出來。

「這樣子呀……」我力持鎮定，這樣的峰迴路轉，不是只有在灑狗血的八點檔裡才看得到嗎？

「所以，我想知道，如果我們繼續交往下去，我可能面對最嚴重的法律後果是什麼？聽說通姦已經除罪化了，那我是不是就沒事了？」

一時之間，我被當事人問得語塞。

到底，法律對「知道自己是小三，還堅持要當小三」和「不知道自己是小三，卻不小心成為了小三」的評價有沒有不同呢？通姦除罪化之後，當小三真的就「沒事」了嗎？

∞原來自己是小三？

容容是一名對婚姻充滿憧憬的輕熟女，可惜交往過幾任男友，均有緣無分，以分手收場。有一天，容容在交友網站上看到小天帥氣陽光的個人照，感情狀態顯示為「單身」。立即和小天相約。兩人一見鍾情，不久後就發展成為穩定交往的情侶，也發生了親密關係。

但某日，容容突然接到一名自稱是小天妻子的陌生女子來電，大罵容容破壞她的家庭，等著法庭上見。容容無法置信，因為當初自己怕在網路上受騙上當，還特意請小天先傳來他的身分證查驗。沒想到江湖老手小天早就利用繪圖軟體把自己配偶欄修改成空白。容容這時能怎麼辦呢？

已經結婚的人，卻想在外面來一段風花雪月，也許是為了追求刺激感，也許是家裡沒溫暖，還有可能是要證明自己寶刀未老、魅力依舊，原因百百種。於是，有些人裝沒結婚，有些人裝已經離婚，有些人裝分居中正在談離婚，有些人裝被另一半外遇、遺棄或家暴受害者，手段推陳出新，理由也一個比一個有創意。

不小心被情場好手裝成偽單身詐騙，甚至還被「正宮」告上法庭……小天的妻子告容容會成功嗎？如果是的話，容容未免也太倒楣了。

拜科技之賜，小天留下的蛛絲馬跡都可以作為容容不知他已結婚的證據，容容有機會全身而退。小天先是在交友網站上面表示自己是「單身」，接著傳給容容變造過後的身分證，上面配偶欄顯示為空白，使得容容合理相信小天仍是單身。種種證據都能支持容容對於小天的已婚事實是不知情的，主觀上並無破壞任何人婚姻的意圖。所以，小天的妻子要告容容侵害她的配偶權，恐怕不會成立。

至於小天有辦法全身而退嗎？那就不了。小天故意隱瞞已婚事實，讓容容願意和他交往，進而發生親密行為，此時已經侵害了容容的「人格權」（關於人格權定義，請參閱一四八頁〈婚前劈腿〉一文）。

∞當真愛來敲門，為你成為第三者有何不能？

路克是名青年創業者，身邊有個能幹的女祕書菲菲。菲菲畢業後即進入路克的公司工作，對路克一直存有景仰和愛慕，十年間，一路幫路克把默默無名的小公司打造成知名的上市企業。而路克對美麗又勤奮的菲菲也一直頗有好感，但兩人始終沒有越過朋友那條線，路克最後聽從父母的話，選擇了門當戶對、在事業上能對路克提供財力支持的豪門千金艾莉。

艾莉從小就是父母寵愛的小公主，和路克在個性上完全不合，婚後大小爭執不斷，常常故意不理睬路克，把他當作空氣一般。婚後的路克時常情緒低落，這一切菲菲都看在眼裡。在一次冷戰後，路克被艾莉趕出家門，乾脆投入了菲菲的溫柔懷抱。菲菲理性上雖知道不應和老闆維持不倫關係，卻無法拒絕對路克的感情。最終紙包不住火，當艾莉發現了路克和菲菲的關係後，把菲菲一狀告進法院。

在此案例中，路克的外遇原委似乎可以被理解，但是離婚程序還是應該走在新的感情關係前面。路克並不能因為被艾莉趕出家門，就自認有正當理由出去找小三外遇。路克還是應該先將原來的婚姻關係處理完畢，再來與菲菲發展其他可能。只是艾莉會否輕易與路克離婚，那又是另一回事了。

很多人以為通姦除罪化後，當小三就沒事了，這樣想其實大錯特錯。通姦除罪化，除的僅是刑事上的責任（除罪），但民事上關於侵害配偶權的規定依舊存在。

菲菲和路克的外遇，縱使情有可原，但只要路克的婚姻還在存續中的狀態，菲菲和路克產生超友誼的關係（不單指性關係，互動曖昧、親吻、擁抱等超越一般朋友分際的行為舉止都包括在內），就有機會要對艾莉負起民事上侵害配偶權的責任。艾莉可依民法第一百八十四條和一百九十五條，主張菲菲已不法侵害到她身為路克配偶的「身分法益」（配偶權／身分權）。縱使沒有產生財產上的損害，只要侵害情節重大，艾莉也可以請求菲菲賠償相當之金額。

當小三到底要付出多少「代價」？對於侵害配偶權的賠償金額，實務上的判決通常落在二十萬到五十萬之間不等。但法官仍會就個案做各別判斷。通常依當事人侵害配偶權行為的程度、當事人的社經地位、經濟能力等各種因素，綜合判斷賠償金額，從幾萬到上百萬都曾有過。

∞性不性很重要嗎？上床才算侵害配偶權？

在律師事務所看了太多曠男怨女的感情事件，到底何謂「侵害配偶權」？和人夫人妻互傳簡訊關心、洋派招呼搭肩摟腰，甚至是牽手可以嗎？或一定要兩人產生性關係才算？

是否侵害配偶權，端視個案不同、時空背景不同，法官可能會產生不同的心證。可以確定的是，若和人夫人妻的交際超過一般普通朋友的正常社交範圍，甚至語帶曖昧，雜糅著男女之間的情愫，恐怕就有侵害配偶權之嫌。

在刑法上，通姦罪雖然已經除罪化，但不代表通姦已經合法化，民法上對侵害配偶權的規範仍在。和人夫人妻發生親密關係，雖然不會再觸犯刑事罪，但民法上依然會有法律後果。

愛情裡沒有對錯，甚至有句話說：「在一段關係裡面，不被愛的人才是第三者。」但該優先處理的婚姻關係還是需要被尊重。愛情這條路，三人行始終太擁擠。先處理完已瀕死的關係，再重新開始一段健康的關係也不遲啊。

會客室外的律師真心話

千錯萬錯都是小三的錯？其實每一段外遇，背後都有不同的故事。無論是哪一方管不住自己的上下半身，或有著「患難見真情」的苦衷，甚至是雙方都在外「各有一腿」，造成剪不斷、理還亂的婚外情糾葛。作為一名律師，我不能也不願在尚未搞清事物全貌之前就妄下定論，或是拿道德綁架他人。

而對於不知道別人究竟發生了什麼事就說三道四、加油添醋、唯恐天下不亂、以他人痛苦為己樂的「旁觀第三者」……或許，那才是真正不道德的人吧！

PART 3

分手篇

當愛情熄火時，
如何面對不理性的分手？
如何處理瘋狂的前任？
如何拿回本屬於自己的東西？
如何撫平受傷的一顆心？

14 〔婚前劈腿〕

不遭人忌是庸材，不曾劈腿是廢材？

「律師，你說的這什麼鬼話？他劈腿耶，浪費了我半年的青春耶！他這麼爛，這麼渣，然後你說這惡行不重大，法律上我拿他沒轍？你應該大學剛畢業還沒多久吧？我要換律師，麻煩換一個專業一點的律師來和我談好嗎？」

會議室裡傳出尖銳的叫罵聲，讓整個事務所都陷入尷尬的沉默。沒多久，只見本所最年輕、最有正義感的劉律師被當事人踢了出來。

大家紛紛把頭低下去，假裝沒看到。我也很識相地換上一張若無其事的臉，作勢要和祕書討論下午的行程。不料，劉律師幽幽地走到我身邊……

「無糖，我可不可以麻煩你一件事？」

天呀，拜託不要把這樣的客戶丟給我！我心底偷偷祈禱。

「怎麼啦？」我慢動作地轉過身，回話幾乎是一字一字從齒縫間迸出來。

「裡面那個女生，我可能處理不了。恐怕需要你的支援了……」劉律師漲紅著臉，擠出一句形同要律師自宮專業的話。

「老實說，你們剛剛的對話，辦公室裡的人都聽得一清二楚。」

「嗯……」劉律師的臉此時又漲得更紅了。

「劉律師，你向來知道我對婚前劈腿的態度只有四個字……」

「我知道，天賦人權。」

「那你還要我的支援嗎？」開玩笑！我遇到太多客戶以羞辱律師為樂，我真的無法再多收一個啦！

「我真的需要你！因為只有你能說服她。只有你能把死的講成活的，黑的講成白的，婚前劈腿也能被你講成天賦人權。」

什麼，這算是對我的恭維嗎？婚前劈腿為什麼是天賦人權？劈腿的渣男渣女們真的無法可治嗎？

∞他「詐欺」了我的感情？

大明和小蘭是穩定交往中的男女朋友。一日，小蘭看到大明手機突然跳出一則訊息：「寶貝你昨晚好厲害，我今晚還想要！」小蘭直覺有鬼，於是拿著手機和大明當面對質。

大明坦誠半年前在朋友的慶生會上認識傳訊息來的女子，而自己也已經和她私下交往了半年，對方並不知道小蘭的存在。小蘭心碎不已，馬上決定和大明分手，並且決定要告大明刑事「詐欺」。

遇到愛情騙子，因為他欺騙感情，所以要告他刑事「詐欺」？表面上看起來好像很合理，但是恐怕告不成功哦！

刑法上「詐欺罪」的成立要件非常嚴格。詐欺罪主要保護的是「財產法益」。所以，小蘭感情受創卻想走刑事路線，是行不通的。因為「情感被騙」、「心情受傷」並不在詐欺罪所要保護的法益範圍之內。

那如果走民事路徑來請求損害賠償，有機會嗎？民法第一百九十五條規範，若是侵害他人的人格法益或身分法益（法律上統稱為「人格權」）而情節重大者，即便是「非財產上之損害」，也可以請求行為人賠償相當的金額。

民法第一百九十五條前段列舉出的人格權，包括身體、健康、名譽、自由、信用、隱私、貞操，以及概括性規定「其他人格法益」。通常對於人格權有所侵害且情節重大時，有機會爭取的是「慰撫金」（俗稱「精神損害賠償」）。在德國又稱為「痛苦金」，讓人更能直觀理解。

小蘭發現大明劈腿，產生「心碎的感覺」，能否主張因精神產生痛苦，進而以此向大明請求慰撫金呢？很遺憾，這恐怕是難以成立的。連實務判決都如是說：「是否同時另有其他女友，事屬一般男女交往之道德面瑕疵，尚難逕認屬法律上所規範的人格法益。」

此外，大明劈腿行為也很難被界定侵害小蘭的人格法益到達「情節重大」的程度。試想，要是每個被劈腿的「受害者」都把對方提告法院，法院系統應該很快就崩潰了吧？

那麼，究竟什麼程度的人格權侵害有機會得到慰撫金？常見實務案例如「嚴重車禍」，傷者除了可以向肇事者請求醫藥費（財產上的損害）之外，若車禍對傷者身體造成重大傷害並影響其日常、造成其精神痛苦（非財產上的損害），就有機會爭取慰撫金。

至於「情傷」，恐怕只能靠時間來療傷止痛了。身在愛情裡，還是得把罩子放亮一點，適時保護自己，畢竟法律在這種時候，通常愛莫能助。

∞「渣」出新高度的愛情騙子——論「情節重大」

欣欣和阿文自小是青梅竹馬，從兩小無猜到長大成為情侶。欣欣一直覺得自己最終會和阿文修成正果，也曾數次不小心懷孕，不過皆因阿文覺得兩人還沒有做好結婚準備，而以墮胎收場。即便如此，欣欣對阿文的愛情依然堅信不移。

一日，欣欣接到一名陌生女子電話，自稱和阿文在三年前已經結婚並登記，要求欣欣即刻離開她的丈夫，否則要告欣欣侵害配偶權。更令人難堪的是，在阿文和該名女子的「婚姻期間」，欣欣還曾經為阿文墮胎兩次。一時之間，欣欣的世界天崩地裂，嚴重抑鬱到試圖自殺數次，幸而最後都被家人發現。

欣欣的父母了解女兒試圖自殺的原因後，除了心疼，還有滿腔憤怒，專程請了一位律師準備要幫女兒「伸張正義」。

充斥著愛情謊言的案件層出不窮，比較特別的是，此案例的男主角阿文不但劈腿，和別人結婚，並且「婚內出軌」原來的女朋友，阿文的結婚對象此時還要告欣欣侵害配偶權。一般人遇到這種事，「晴天霹靂」四字恐怕都還不足以形容當事人震驚的心情。

法律原則上不會介入一般世人愛情世界裡的小打小鬧，但對於這種「惡性重大」的劈腿行為，是否還在法律能容忍的範圍內，可就有討論空間了。

在民法中，除了保障我們的物質或金錢，在其受損害時能得到賠償，對於「非財產法益」的人格權部分也有相對應的保障。

阿文隱匿自己已婚的事實，讓欣欣以為他的身分始終為單身，進而繼續投入感情、交往，甚至在受騙不知情的狀態下，還為有婦之夫阿文懷孕兩次並連續墮胎，這些行為，顯然已然侵害了欣欣的「貞操權」。

貞操權是什麼？法律上的貞操權可不是指男女間的第一次性行為，更與處女膜無關。貞操權是人格權的一種，泛指一個人有其依自由意志與他人進行性交或身體親密接觸、不受他人不法干涉的權利，亦指一個人的性自主權。

阿文耽誤了欣欣的青春，諸多隱瞞欺騙造成欣欣日後精神痛苦、幾近崩潰；阿文和別人結婚，故意不告知欣欣，甚至繼續享齊人之福的行為，明顯已逾越一般人社會客觀上所能容忍的程度。這已不單是一般交往男女劈腿的道德瑕疵，而是到達不法侵害欣欣的人格法益且情節重大的程度。

欣欣得依民法第一百九十五條和一百八十四條，向阿文請求賠償人格法益被不法侵害的慰撫金。法官會審酌個案行為人的加害情形、對被害人造成的影響、被害人痛苦程度，以及訴訟兩造的身分、地位、經濟狀況等，綜合判斷以核定賠償金額。

回到一開始的「天賦人權」說，為什麼說婚前劈腿是天賦人權？因為法律不能是高標準道德的投射，而是道德底線的設定。在有限的青春時光中尋尋覓覓，不小心偶有同步或是無縫接軌的情事，道德上雖可非難，但還不至於是滔天大罪。不過可別以為，從此以後就可以「狂劈腿，零風險」。

因為如果一個人「渣」的行為和程度，已經不是社會客觀上可以容忍，也不符合一般男女交往時最低道德層面要求時，法律可能就會例外地介入了。傷人傷到見骨的劈腿行為，恐怕就無法全身而退了喔！

會客室外的律師真心話

作律師這一行，真的看過太多「公主與王子從此過上慘絕人寰的生活」的鬼故事。婚前如果不多方嘗試，找到一個最適合的人，難道要等到婚後再來出軌外遇嗎？這言論不是支持眾男女劈腿，而是支持每個人多看看，再慎選。畢竟，要在茫茫人海中找到價值觀類似、興趣相投、生活習慣可互相配合、雙方家人投緣的那位，那可真不是一件容易的事！

而當你發現身邊那個人實在不適合你，有另一個人更適合你時，請鼓起勇氣即時和不對的人 Say Goodbye ！兩邊都不想傷害，同時進行天長地久的戲碼，往往是兩敗俱傷。雖然婚前劈腿被法律責難的機率不高，但如果「渣」到一個新境界，法律仍會要你付出代價的。

15〔訂婚悔婚〕

我不想和你結婚了，要付出什麼代價？

「我不管啦！就算要把他綁著去結婚，都得綁！所有姐妹和親朋好友都知道我要結婚了，他怎麼可以在最後關頭說不結就不結？我的臉要往哪裡擺？他不要面子，我還要啊！」

會議室裡傳來陣陣女生哭喊聲，聽起來應該又是一名恐婚症的受害者。這樁現代版的的搶婚宣言，讓會議室外的大家無不好奇探頭，試圖一睹女主角的廬山真面目。

砰！會議室門突然打開，一名女子哭腫了雙眼，掩面奪門而出。

「張小姐，張小姐！我們還沒談完啊！」王律師灰頭土臉地追了出來。

「她的情緒正激動呢，我看你先別追了吧！讓她冷靜冷靜，晚一點應該就會打電話給你了。」我好整以暇地對漲紅著臉追到門口的王律師說道。

「無糖，你少在那裡興災樂禍了。」

「我這哪是興災樂禍？我這是感同身受。」

「怎麼說？」王律師喘了口氣，狐疑地看著我。

「我上個月有個委託人也是這樣，因為雙方家人對結婚流程意見多，小倆口中間過程一直吵吵鬧鬧沒停過。最後男方受不了，臨門一腳悔了婚，女方來事務所哭，還要我去說服他的家人呢！」

唉，對於一樁樁結不成的婚事，我們作律師的，有辦法把準新郎或準新娘架到婚宴現場去結婚嗎？

∞婚前被「退婚」可以嗎？——論「解除婚約的法定事由」

阿佑和晴子交往多年，阿佑一心認定晴子就是他今生的新娘，特意策畫了一場浪漫的求婚。晴子也在親友力拱的氛圍下，答應了阿佑的求婚，收下兩克拉的鑽戒，小倆口還辦了一場簡單隆重的訂婚宴。然而，晴子心底還是眷戀著前男友，決定在結婚前，與前男友來一段「愛的回顧之旅」。

當阿佑發現晴子之前騙他要出差兩週，其實就是和前男友「回顧」去了，舊地重遊、同床共枕……種種事件都讓阿佑心碎到無以復加，遂提出解除婚約，並要晴子返還訂婚鑽戒。晴子覺得自己的行為只是與過去告別，並不是出軌。於是，晴子告訴阿佑，鑽戒既然送她了，就拿不回去了。

任何人在踏入婚姻殿堂的最後一刻前，要反悔都還來得及。尤其是決定結婚之際，卻莫名其妙發現原來對方背著你偷吃或腳踏兩條船，請記得那是老天爺給你的「禮物」。倘若此時不當機立斷地向對方揮手說再見，可能就得陷在痛苦的泥沼裡一輩子。

訂婚了可以悔婚嗎？當然可以。結婚都可以離婚了，訂婚當然更可以反悔。和離婚類似的是，法律還特別明定出「解除婚約的法定事由」，依民法第九百七十六條第一項，婚約當事人的其中一方如有後述情形之一，另一方就可以解除婚約：

一、婚約訂定後，再與他人訂定婚約或結婚。

二、故違結婚期約。

三、生死不明已滿一年。

四、有重大不治之病。

五、婚約訂定後與他人合意性交。

六、婚約訂定後受徒刑之宣告。

七、有其他重大事由。

婚約當事人一方有前述任何情事時，另一方當事人即可「無須付出任何代價」地向對方悔婚，其中包括晴子的情形——婚約訂定後與他人合意性交。

晴子與前男友的「回顧」情事，明顯地已經符合法定解除婚約事由，阿佑可以無條件解除婚約，且依民法規定，阿佑因此訂婚對晴子所為的贈與，如訂婚戒指，在婚約解除時是可以取回的。如果阿佑也已為婚禮付出相關費用，如喜餅、聘金、婚紗拍攝、婚宴場地的安排等，也可以要求晴子賠償。

不只財產上的損失可以討回來，法律甚至也保障到「非財產」的損害，亦即精神損害的部分。若是阿佑因此事而痛苦不堪，甚至還可以向晴子請求精神慰撫金。

特別注意，想要討回公道、請求損害賠償的前提是，阿佑必須為「無過失」之一方。假設晴子在進行「回顧之旅」時，阿佑也投入其他溫柔鄉的懷抱，這時，阿佑可能就什麼都討不回來了。實務見解認為，若是雙方對於婚約的解除均負有責任時，是不能互為求償的。

∞落跑新郎／新娘，可以全身而退嗎？

小浩和小潔交往多年並論及婚嫁，終於等到了小浩的求婚，小潔答應後，兩家人開心舉行訂婚儀式，小潔歡喜地成為一個待嫁新娘。沒想到在兩家人差不多規畫好婚禮流程和宴客名單後，小浩發現原來自己還有一顆「驛動的心」，不願就此步入婚姻。於是，他拿起手機，對小潔發出一封分手簡訊：「你很好，但我還沒準備好，祝你幸福。」留下小潔獨自處理後續所有的兵荒馬亂。

小潔不願在眾親友面前丟臉，於是聯絡上了小浩的父母，請求幫忙說服小浩履行結婚義務。不料小浩從此人間蒸發，連他的父母都找不到人。

現代人壓力大，「婚前恐懼症」可能是許多人在結婚前都會經歷的症頭。大家對自己能否勝任婚姻生活、能否與一個人長相廝守到老等事，沒有足夠的信心。

小浩以短短的簡訊分手，傷透了小潔的心，成為「落跑新郎」的他可以全身而退嗎？如果在法律上沒有任何得解除婚約的法定事由而無故悔婚，另一方因此受到財產上和精神上的傷害，可向可歸責的一方請求財產損害賠償和精神慰撫金。

至於，小浩發現自己原來還有一顆「驛動的心」，是否能以此作為理由向小潔解除婚約？這可不行。因為早在小浩和小潔正式訂婚之前，就應該想清楚自己是否準備好結婚。而不是在雙方都開始忙碌地籌備婚禮時，才驚覺自己還沒準備好。

對於小浩這種未謹慎思考終身大事、出爾反爾的行為，小潔不但可以向他請求財產上受到的損害，還有機會請求精神慰撫金。

假設換成另外一種情形：小浩和小潔兩人訂婚後，雙方爭執不斷，無法對未來結婚和共同生活形成共識，於是其中一方向對方提出分手。此時還能認為提出分手的一方就是故意不履行婚約而須負法律上的責任嗎？實務見解認為：婚約制度某程度上亦有給予當事人於結婚前緩衝深思的意涵。若實際上是因為難以期待兩人進入婚姻而提出分手，並非刻意欺騙他方感情與金錢，確實有民法第九百七十六條第一項第七款，不能共同經營婚姻生活之其他重大事由，被分手的一方不得向對方求償婚禮相關花費和慰撫金。

那如果被悔婚的小潔什麼賠償都不要，仍決意嫁給小浩，怎麼辦？法律可否強制小浩履行和小潔的婚約？答案也是不行的。

「訂婚」雖然是男女約定將來要結婚的契約，但它並沒有強制力。即便雙方當事人訂婚了，法院也不能強迫一方與另一方結婚，因選擇配偶之自由是婚姻自由的核心，受憲法之保障。

會客室外的律師真心話

訂婚後無故反悔，大多數人對這樣的行為可能是道德上滿滿的責難，但在律師眼裡真心覺得：「婚前悔婚總比婚後離婚來得好！」婚前硬著頭皮結婚，婚後再帶著未成年的孩子來談離婚、談親權歸屬、計算扶養費，這樣真的會比較好嗎？值得所有想婚一族深思。

此外，訂了婚之後，法律即課予當事人對彼此負有「忠誠義務」。若訂婚後還繼續在外亂搞男女關係，有可能會落得人財兩失的下場喔！

16 分手清算

相愛時什麼都在一起，分手時如何區分你我？

一早進辦公室，只見本所的行政助理阿楓眉頭深鎖地坐在位子上。阿楓向來兢兢業業，工作認真，但最近不知怎麼，看起來總是一副心不在焉的樣子。

我問祕書：「阿楓怎麼啦？連續幾天看他都魂不守舍，是不是發生了什麼事？」

「他好像最近在和女朋友鬧分手，女朋友和他交往八年多了，什麼東西都綁在一起，要分手很麻煩吧！」祕書若有所思地看了阿楓一眼，小聲地告訴我。

原來如此，繼續這樣下去影響工作絕不是好事，看來我不出面不行了。

「早安啊，阿楓！你在練習用眉頭夾蒼蠅嗎？發生了什麼事？」

「唉，律師早啊，沒什麼事啊。」

「你的臉看起來不是沒事的樣子哦……」阿楓的額頭上明明寫著「我很有事」幾個大字。

「我……唉，我最近就是感情不順了一點啦，然後有點法律糾紛。」阿楓終於肯鬆口透露一些。

「怎麼啦，願意說說嗎？搞不好我可以幫忙出主意哦！」

「真的嗎？這些法律問題一直困擾著我，可是我又不好意思麻煩律師……」

「別擔心，我們什麼交情嘛！你該不會害怕我寄諮詢費帳單到你家吧？」我打趣回道。

「有律師這句話，我就放心了。我和女友因為彼此對未來的規畫很不同，所以協議分手。不過在一起太久了，銀行裡的錢早就分不清楚誰是誰的了。況且，我們原本有結婚打算，去年就以她的名字先登記了一間公寓。房子是我看的，目前產生的所有費用也都是我付的。問題是，她現在主張房子是她的，如果我要這間房子，還要付錢向她買。」

「這樣啊……別慌，我來幫你想想辦法！」

相愛時你儂我儂；分手時，有人「整碗捧走」，有人落得一場空。這樣公平嗎？阿楓有沒有什麼救濟的方法？

∞人可以離開，狗留下來

小吳和小慧是正在談分手的情侶。兩人共同養了一條狗，當初是小吳先帶狗回家，小慧同意出名辦理寵物晶片登記。大部分的時間都是小吳在照顧這條狗，而小慧所謂的「養狗」，一向都是口頭管理——指揮小吳去遛狗、買狗飼料、帶狗去看醫生等，比較像是十指不沾陽春水的「名目飼主」。

小慧想要繼續養這隻狗，但是小吳非常捨不得，小吳擔心一旦小狗真的由小慧飼養，可能「狗命」堪憂。該怎麼辦呢？

寵物雖然有生命，但在法律上的定位是屬於「動產」。原則上，寵物當初是誰買或誰領養的，誰就是所有權人。如果是一人出一半，因為寵物不可能被分割一半，兩方可協議由取得寵物的一方，貼補費用給對方，以取得完整所有權。另外，如果當初在養寵物的當下，一方是以「禮物」的形式贈與他方，受贈人就是寵物的所有權人。

如果兩人都沒有意願要留下這條狗，也不能任意拋棄毛小孩。依照「動物保護法」第五條第三項、第二十九條第一項第一款，飼主棄養動物可被處三萬元以上十五萬元以下罰鍰。所謂「飼主」，依照動物保護法第三條第七款，是指「動物之所有人或實際管領動物之人」。毛小孩既然見證了過往兩人的濃情密意，兩人不能因感情破裂就棄養牠，否則除了感情問題，也會有來自動物保護法的罰鍰哦！

若小吳和小慧同時都想要留下毛小孩，該怎麼辦？此問題就比較複雜了。當初是小吳帶狗回家，中間也未曾表示過要將狗贈與小慧的意思，小吳原本應是狗的所有權人。但依「寵物登記管理辦法」，寵物晶片的登記人是「飼主」，小慧才是兩人毛小孩的登記飼主。

若分手的情侶對於誰能繼續擁有寵物無法有共識，可能只好尋求法律途徑解決。司法實務上，在判斷何人可以擁有毛小孩的所有權時，固然曾有以寵物登記飼主的名字作為依據。然如前述，動物保護法所稱的飼主不一定是動物的所有人，亦可能是實際管領動物之人。

因此，毛小孩歸屬之爭，寵物晶片的登記飼主雖然有所優勢，但也並非鐵律，最終還是得依據事證進行攻防（如當初是誰花錢購買、是否曾以禮物贈與給對方等）。法官此時可能會再就雙方的飼養條件、雙方之前有無立下飼養協議或對飼養做出相關約定，綜合判斷出誰應該繼續作為寵物飼主。

毛小孩是無辜的。人類分手就好聚好散，別讓毛小孩淪為情侶間分手的犧牲品，請讓牠跟著比較愛護牠的那一方吧！

∞你花錢買房，我開心領房？

羅傑和愛琳原本打算今年結婚，不料雙方家人對於婚事有諸多意見，導致兩人爭吵不斷，最後決定互相放對方自由。羅傑在去年以愛琳的名字買了一間市區公寓，打算當作兩人婚後愛的小窩。頭期款是羅傑出的，買房所有的相關費用和之後的房貸也都是羅傑一人支付。未料，如今愛琳不願意歸還房子，並堅持這房子是當初羅傑贈與給她的。羅傑不甘心人財兩失，遂提起訴訟。

男生在婚前很慷慨地對情人說：「我是男人，我買房，你負責住就好了。」分手時，卻說他只是「借用女方的名字登記」，自己才是房子的真正所有權人。而女方則強調房子是男方的「贈與」。這種分手後的財務清算，尤其牽涉到房產，該怎麼解？

∞我只是用你的名字登記──「借名登記」

在現實生活中，買房利用「借名登記」是常見的。借名登記，顧名思義就是當事人間約定：一方將自己的財產「借」他方的名義登記，但實際上仍由自己管理、使用、處分。

羅傑在這裡能否主張自己才是房子真正所有權人，而愛琳只是借名登記中的登記名義人而已？這端看羅傑和愛琳是否真的有協議借名登記的安排。羅傑若如此主張，在訴訟上必須就其主張的「借名登記」法律關係負舉證責任。

羅傑的主張是否為法院採信，取決於羅傑是否能提出雙方真有約定「借名登記」的證據（如借名契約），或是資金流向證明（如房貸繳納、相關保險費、稅金支付等）作為相關間接證明的證據。

∞被收回的禮物——「附負擔的贈與」之撤銷

假若當初羅傑認為愛琳將會是他「今生的新娘」，才願意贈與女方房子。換言之，羅傑對愛琳這棟房子的贈與，是預想女方日後結婚是該贈與所必須履行的負擔。此種贈與即屬於一種「附負擔的贈與」。

依最高法院實務見解：「結婚之法律行為，並不違反國家社會一般利益及道德觀念，而附負擔之贈與行為，亦無悖於公共秩序或善良風俗，凡以預想他日結婚而為之附負擔贈與，倘受贈人不履行其負擔時，基於身分行為之特性，贈與人固不得請求受贈人履行其負擔，但非不得撤銷贈與，請求返還贈與物。」

既然是以女方日後結婚為必須履行之負擔，愛琳不結婚即是無法履行該贈與的負擔，羅傑雖不能強迫女方履行該贈與的負擔（與羅傑結婚），但羅傑可以撤銷其贈與，請求愛琳返還房子。

同樣的，羅傑必須舉證此贈與是屬於「附負擔的贈與」。若能提出白紙黑字的書面契約當然是最好。如果沒有書面契約為證，羅傑與愛琳的往來通訊、對話紀錄或電子郵件中若有提及「這個房子是為了日後結婚做準備，才買給愛琳」的類似表述，仍可以在法庭上提出，讓法院依此審酌羅傑的主張是否有理。

回到一開頭的苦主阿楓，看來那間他辛苦買下的公寓，可能有一線生機了？

會客室外的律師真心話

許多情侶在交往時共同租屋、飼養寵物。租房事小，大不了賠了押金，大家一拍兩散。但寵物是生命，如果不能成熟處理，只想得到寵物而不管自己是否適任飼主這個角色，苦的還是毛小孩。

為了避免這種情形，建議情侶們在一開始決定飼養時，就先約定好誰是寵物的法定所有權人，並依此去幫毛小孩植入晶片、登記法定飼主吧！這也是保護毛小孩和對牠負責任的一種表現。

而關於買房，不論交往時兩方如何相愛，律師強烈「不建議」情侶在婚前共同買房。如果真的要買，也請把相關權利義務寫清楚。寧願一開始就有白紙黑字的紀錄，好過日後雙方對簿公堂。

17 〔爆料公審〕

在科技發達的今日，一時衝動得付出什麼代價？

早上七點半到事務所門口，心想我肯定是本所最早上班的人吧！可以一個人安靜地搞定合約最終版，趕在九點前寄出給客戶，接著悠哉地下樓買杯咖啡……所有想像中的美好畫面，就在一開門看到行政助理邱小帥的那一刻，應聲碎裂。

平時不到八點五十九分最後一秒絕不踏進辦公室的邱小帥，此時正坐在辦公室座位上，飛快地打著鍵盤。

「邱小帥，今天怎麼那麼早來辦公室，你有速件要送嗎？」我悻悻然地問。

「律師早安，我正在請網友們主持公道呢！」

「什麼網友？主持什麼公道？」原來這麼早來辦公室，不是因為認真工作，而是為了私事來用電腦。我心底暗暗翻了個白眼。

「我在『靠北女友』板上面寫文章。昨晚真的差點沒被我女朋友氣死，如果現在不趕快發洩一下，我可能等等就會腦溢血了！」

「哇，你還真跟得上時代，居然會去網路上求網友公審！你寫什麼呢？」以後可要對邱小帥客氣點了，寧可得罪君子，不可得罪小人啊……

「昨天晚上，我女友又要我不能和朋友去喝酒。但如果我不出門的話，就要在家和她大眼瞪小眼一整晚耶！所以我還是去了，回家後就和她大吵一架，煩死了。然後我又想到，她在和我交往以後，整整胖了十五公斤，這也太誇張了吧！我現在把她的樣貌特徵和打工地點都寫出來，讓網友們評評理。律師，你看看，網友們都在下面紛紛回應，還有好多人叫我『賜死母豬』呢！」

聽到這裡，我的太陽穴不禁隱隱作痛。原本是個美好的早晨，我卻花了寶貴的時光聽邱小帥鬼扯。重點是，我的耳朵剛剛到底聽到了什麼啊？

「邱小帥……我還真擔心以後可能有一陣子看不到你帥氣的臉龐了。」

「放心啦，律師。我其實沒那麼容易腦溢血啦！」

「我的意思是，與其擔心被你的女朋友氣到腦溢血，不如擔心你可能會先被告上法院啦！」

我沒好氣地提醒邱小帥，說完便逕自走進我的辦公室。正當我打開電腦，準備好好修改合約時……等一下，我該不會也變成「靠北老闆」的最新主角吧？

∞我說的都是真的，難道有錯嗎？

阿草最近發現女友莎莎劈腿，忍不住在社群媒體的「我要爆料」板發文：「我昨晚夢到：Z大醫學系某才女，二〇二〇年以榜首之姿高分入學。據聞她成日不思學習，私生活淫亂，且劈腿成性、嗜錢如命。常要求多位男友為她買單各種名牌包、高價保養品，好滿足其虛榮心，最近該女還被發現夜間到酒店兼差打工，根本就是婊子一枚，為新生代醫界之恥。」

發完爆料文後，阿草仍餘怒未消，遂把先前和莎莎恩愛時一起拍的情趣私密裸照，傳到LINE上的「好兄弟群組」裡，並留言給兄弟們：「這賤人是不是生得一臉欲求不滿的樣子？兄弟們，看看笑一下就好，千萬不要亂傳出去哦！」最後，莎莎的裸照果然「不負眾望」地流傳了出去。

很多人以為在網路世界當鍵盤俠，用化名躲起來說人長短，被說的苦主就拿你沒辦法。真的是這樣嗎？現今科技發達，凡走過必留下痕跡，「凡寫過必留下ＩＰ」。要把躲在鍵盤後面的人揪出來，其實不過是一眨眼的功夫而已。

用一句「我作夢夢到」作為爆料文的開頭，就可以把責任甩得一乾二淨嗎？如果加上這五字箴言就可以保平安，讓任何人在網路上暢行無阻地罵人，只能說這種想法真是「好傻好天真」，不僅如此，諸如「鄰居和我說……」、「江湖傳言道……」的字眼，也不會讓爆料言論因此在法律上免責。

∞對他人抽象的嘲諷、謾罵、攻擊——「公然侮辱罪」

刑法妨害名譽罪章中的「公然侮辱罪」和「誹謗罪」，都是保障「個人法益」，因此，公然侮辱罪或誹謗罪的對象必須是「特定人」或「可得特定之人」，才有成立的可能。若某人仰天長嘯大罵三字經，只能說他最近壓力可能很大，並不會構成公然侮辱罪或誹謗罪。但阿草的狀況就不同了，雖然他沒有指名道姓，不過像「Z大醫學系二〇二〇年榜首」這樣的描述，其實已經可以識別其所指為何人，即是所謂「可得特定之人」。

所謂「侮辱」，是指對他人抽象的謾罵或嘲弄，在客觀上可認為是蔑視或不尊重他人的言詞或行為，並足以貶損他人之人格及社會評價。阿草在發文內容中稱莎莎「婊子」、「醫界之恥」，又在群組中稱莎莎為「賤人」。這些罵名是阿草為使莎莎難堪，以文字表示輕蔑，並帶有攻擊意味，以期達到貶損莎莎評價的效果。

「公然」指的是該行為足使「不特定人」或「多數人」得以共見共聞。現今網路無遠弗屆，會看到阿草發文內容的人即為不特定人，而阿草在好兄弟群組中所發的裸照和評論，也能被特定多數人看到。有人會以為在LINE群組裡面批評別人就不算「公然」，然而實務上認為只要「特定多數人」所能見，也構成「公然」。此外，就算莎莎因為不在「好兄弟群組」內，不知道自己被罵，阿草還是可以成立公然侮辱罪，因為本罪並不以當事人在場或知悉為要件。

所以，不論是阿草發表在網路上的仇恨性言論，或是為貶低莎莎而傳到LINE群組裡的不雅照和具攻擊性的文字，都已構成刑法第三百零九條的公然侮辱罪，可能被處拘役或九千元以下罰金。

∞對他人具體事件的指摘——「誹謗罪」

許多人在被揭發隱私之後，都會對爆料者撂下一句：「我要告你誹謗！」誹謗罪有這麼容易成立嗎？

與公然侮辱罪的抽象謾罵略有不同，誹謗罪的行為是「指摘或傳述足以毀損他人名譽之事」，內容通常比較具體，偏向對於事件的陳述。看似較難成立，其實不然。

依刑法第三百十條第三項：「對於所誹謗之事，能證明其為真實者，不罰。但涉於私德而與公共利益無關者，不在此限。」一般人八卦別人私德的言論，都有機會成立誹謗罪。

怎麼說呢？我們先試想一個情境：假使今天任何一個人都可以隨意指著另一人的鼻子說：「你這個渣男／渣女，我們的社會因為有你的存在，全民道德平均值被拉低了一個百分點，請全民一起來公審！」是否非常荒謬？

再來看阿草的發文內容，表面上看似正義凜然、「為醫界除妖」，實則是在網路上帶風向，藉機報復女友劈腿。就算阿草對莎莎的描述均為事實，但莎莎愛和誰交往、要誰幫忙買單、去哪裡打工賺錢、是否當過酒店小姐等，皆屬於私領域的事；即便莎莎愛參加多人床上運動、情人節必須趕早午晚班加映大夜場，這些看起來會被普羅大眾批評為「不檢點」、「有失婦道」的事情，只要不影響公共利益，原則上他人無權過問。

縱使阿草多傷心、多恨自己識人不清，也不能用「毀滅式爆料」來揭發莎莎的私生活，因為恣意把「涉及私德而與公共利益無關」的他人隱私曝光，就是法律不容許的行為。

那有沒有「不會被罰的爆料」呢？有的。當一個人的行為可能會影響到「公共利益」，此時，他的行為就是「可受公評」之事。比如一位政府高官職掌要職，假使他的私德操守很有問題，恐怕會影響公共事務的正常運作，法律才會例外地允許他的私德領域受公眾檢視。

而如果誹謗行為不單單是口頭傳述，還進一步利用文字、圖畫進行誹謗，好比恣意在網路上爆料、評論他人非可受公評之事，會成立刑度更高的「加重誹謗罪」。刑法第三百十條第一項的誹謗罪為一年以下有期徒刑、拘役或一萬五千元以下罰金，同條第二項加重誹謗罪的刑度則提高為二年以下有期徒刑、拘役或三萬元以下罰金。

阿草在網路上用文字發布關於莎莎的私事，試圖引導群眾去公審莎莎；之後又在好兄弟群組上傳莎莎的私密照，再加以負面評論。阿草有散布於公眾的意圖，並且傳述足以毀損莎莎名譽的具體內容，這兩項行為都足已對莎莎造成名譽貶損。縱使阿草所述為真，但事涉莎莎私德領域，非可受公評，阿草會成立加重誹謗罪。

此外，阿草和那些在兄弟群組中手滑把莎莎私密照散布出去的「好兄弟」還會一併觸犯「散布猥褻品罪」（詳細探討請參閱一九二頁〈窺探隱私〉一文）。

回看一開頭怒氣沖沖的邱小帥，要是真的很想「靠北某某」，怎麼辦？與其躲在鍵盤後面、躲在別人身後嚼舌根，不如直球對決來得痛快。就事論事、理直氣和地向對方表達不滿，在法律上絕對站得住腳。但如果你在第三人面前罵，在群組裡罵，在網路上罵，即便罵得有幾分道理，仍然可能觸法。更別說罵人「白痴」、「神經病」、「王八蛋」、「你去吃屎啦」等，這些可都有機會被別人告，最後得破財消災的。老話一句，沉默是金，因為沉默可以幫你省下不必要的訴訟費用哦！

會客室外的律師真心話

近來流行網路公審，演藝圈也曾經發生過幾宗成功的「毀滅式爆料」案例，不僅帶起了一波爆料風潮，甚至讓看好戲的群眾更加嗜血。大家似乎聞到一點血腥味，就興奮地群起攻之，然而這樣真的好嗎？

在律師眼中，每個人都有犯錯之時，每個人也都有閃耀人性光輝的時候。在論是非功過之前，我們是否都能懷抱一份同為人類的善良作為評議的出發點？縱使做不到雪中送炭，也請別窮追猛打、落井下石。現今社會最不缺的就是網路霸凌，我們也別在其中失去自我判斷的能力哦！

18 〔威脅恐嚇〕

你要是敢分手，我就毀了你？

「可是律師，我不想和他分手。」

我看了看眼前的少女，正值豆蔻年華，怎麼就這麼想不開呢？

「所以，你為了不和他分手，就威脅他，要去他的公司散布不利於他的消息？」

「唉唷，律師，我那也只是一時氣話，隨口說說而已，並沒有要真的這麼做啊。誰知道他當真。」少女語畢，頭低了下來。

「你說要散布不利於他的消息，是什麼呢？可以具體一點告訴我嗎？」

「哦，因為他是公司的業務代表，之前三不五時挪用公司交際費的名義，買東西送我、請我吃飯之類的……」

「這樣子啊……」

「對啊！其實我並沒有要去舉發他的意思，可是卻衝動地說出口了，現在該怎麼辦啊？律師，我是真的不想和他分手啊！」

「我知道你不想，可是目前的狀況是他很想啊！你看，他連律師信都發給你了，不然你現在怎麼會坐在這裡呢？」翻了翻手上的卷宗，我的眉頭不禁皺了起來。看來對方是認真來計較了。

「怎麼辦……怎麼辦……」少女手足無措地在會議室裡哭了起來。

當愛情的顏色已經黯然褪去，你會選擇死命不放手，還是選擇優雅離場呢？

∞你有把柄在我手上，最好乖乖聽我的？

小夫是個花心男子，已經有了千金女友大喬，仍不時周旋於眾多女孩之間。一日，當他和A女幽會時，不巧被女友大喬的妹妹小喬撞見。小喬當場沒有揭穿，事後卻發了一封簡訊給小夫：「我這麼上道，沒揭發你，你也該把之前欠我的五十萬還給我了吧？你再不還錢，我就去和姐姐爆料，那你和我們家千金的感情恐怕會生變哦！」

小夫害怕被大喬發現，只好乖乖依指示轉帳給小喬。然而最終，大喬還是發現了小夫劈腿的事實。

小夫劈了腿，還和別的女人開房間，看起來實在是渣男的行為，但大喬能主張什麼嗎？在法律上，大喬和小夫沒有婚姻關係，小夫的劈腿行徑在道德上可以非難，在法律上卻無法責難（詳細探討請參閱一四八頁〈婚前劈腿〉一文）。縱使大喬心底受傷，也很難在法律上對小夫有所主張。

另一方面，小喬的行為該如何評價？小喬利用「撞見小夫偷情」為由，再告訴小夫「不還錢就爆料」，趁機強迫他還錢。小夫果然也心生恐懼，進而聽從其指示轉帳給小喬。小喬這樣的行為有不法嗎？會成立刑法上的「恐嚇取財罪」嗎？

要成立刑法的恐嚇取財罪，必須主觀上具有「不法意圖」。小喬雖在要求小夫還錢時以恐嚇為手段，但小喬所獲得的五十萬，其實是實現原本就已合法存在的債權

（小夫對小喬的欠款）。因此，小喬因主觀上欠缺不法意圖，不會構成本罪。

但如果小喬對小夫說：「你如果再不還錢，我就找人斷你手腳。」小夫因此而心生恐懼，小喬的行為就有可能構成「恐嚇罪」了。依刑法第三百零五條規定：「以加害生命、身體、自由、名譽、財產之事恐嚇他人，致生危害於安全者，處二年以下有期徒刑、拘役或九千元以下罰金。」

∞愛的時候甜蜜蜜，恨的時候要你命？

詩詩和男友小何交往時，一直苦於小何的情緒控管問題。小何平時對女友溫柔體貼，但只要脾氣一上來，彷彿立刻變成另一個人，口頭辱罵和肢體暴力樣樣都來。

詩詩終於承受不了，決定要和小何分手。不料小何一聽，馬上變臉，並撂下狠話：「如果你敢與我分手，我就會把你的害羞私密照和性愛影片傳給全世界欣賞哦！」

「你敢和我分手，我就讓你生不如死！」「你踏出這扇門一步，我就把你心愛的所有東西丟掉！」「你如果再不來找我，我就告訴你媽所有你的祕密！」你在感情路上，有遇過分手時一秒變瘋子的前任嗎？這樣的言語和行為，會觸法嗎？

詩詩有權利決定是否要與小何分手，小何卻利用心理脅迫的方法作為強制手段，威脅詩詩要對外散布性愛影片、私密照，導致詩詩的「意思決定自由」被壓迫，不得不繼續與小何交往。實務觀點認為，若是強制手段和目的間具有社會可非難性，且存有不法性時，該行為恐會觸犯刑法第三百零四條第一項的「強制罪」：「以強暴、脅迫使人行無義務之事或妨害人行使權利者，處三年以下有期徒刑、拘役或九千元以下罰金。」

小何若真的把私密照和性愛影片傳播出去，會觸犯刑法第二百三十五條第一項散布猥褻物品罪。倘若這些照片和影片，又是在詩詩不知情的狀態下偷拍的話，罪加一等，還可能成立刑法妨害祕密罪章中第三百十五之一條的「窺視竊聽竊錄罪」（詳細探討請參閱一九二頁〈窺探隱私〉一文）。

∞告發違法情事，算是恐嚇嗎？

阿哲覺得和交往多年的小君走不下去了，於是提出分手。小君大受打擊，告訴阿哲：「如果你敢和我分手，我就去告發你私下收取會員、從事非法投資顧問、違法代操的事情！讓你身敗名裂！」原來阿哲自從於上一家公司離職之後，就一直在自宅做股票投資，並收取會員代客操作。然而，阿哲實際上並沒有取得相關證照，代操業務其實是不合法的。

阿哲因為小君的話心生忌憚，遲遲不敢分手。但兩人已沒有愛的感情，再拖下去也不是辦法。阿哲心想，小君的行為不知道有無機會構成「恐嚇罪」？

小君預告要告發阿哲違法從事代操的業務，未來可能會影響到阿哲的名譽和財產，讓其心生畏懼並感到害怕。表面上看起來，似乎已是恐嚇的行為，但若要成立恐嚇罪，行為人的手段還需具備「不法性」。

阿哲的確有從事違法代操活動，即便小君要向主管機關舉發阿哲的行為，那也是她正當權利的行使，告發行為本身並無不法。縱使阿哲因小君預告她將要去「告發」而感到懼怕，但因為小君是正當行使其權利，並不會成立恐嚇罪。

回到一開頭來到事務所的少女，她口頭告訴男友，如果和她分手，就要向男友公司舉報他不當使用公司交際費的行為。舉報不法挪用公款的行為不具備不法性，不會成立恐嚇罪。

那少女強迫男友不能分手、阻止男友行使自由意志的行為，會否成立強制罪呢？若是要把強制行為評定為不法而加以入罪，就必須深入探討該強制行為（手段）本身的可非難性和不法性。少女所採的手段本來就是法律所許可的事情，那麼即便是以此當作惡害來通知男友，仍不會成立強制罪。

會客室外的律師真心話

體面的離開，比浪漫的開始更不容易。無論對方多麼傷透了你的心，在你決定要「毀掉他」的同時，法律已悄悄向你投注關愛的眼神，畢竟所有的威脅利誘，往往留不住逝去的真心，有時反而招來了法律責任。

此外，紀念愛情的方式有很多種，拍私密照或愛情動作片是風險指數很高的一種。當初因著信任而同意，當這份信任變成了威脅、懲罰，甚至是法律也賠不了的長久傷害，那該有多唏噓呢？

19 〔窺探隱私〕

我們是愛人，你對我怎麼可以有祕密？

「律師，我真的很愛他，怎麼辦？我也只是想要捍衛我們的愛情，才會這樣做啊……」眼前這位年紀輕輕的小女生，既緊張又氣憤地在空中揮舞著雙手，試圖對我解釋為什麼她要做出被對方提告的行為。

「所以，你為了蒐集他與別人發生性行為的證據，在他的房間偷裝了監視器？」

「嗯，我本來只是想要拿到他偷吃的證據後，藉此警告他，只要他答應我以後不敢再犯，我就算了。沒想到，他一知道我偷裝了監視器、錄到他和炮友的激情畫面後，馬上翻臉比翻書還快，不但說要和我分手，現在居然還說要告我。」小女生哭得梨花帶淚，一臉不知所措的樣子。

孩子呀，偷吃的男友被你搞到惱羞成怒了呀！當初直接和他分手說再見不就得了，天涯何處無芳草，何必單戀一枝花……心大蘿蔔呢？

「那……你打算怎麼辦呢？」我試探性地問道。

「我……我當然是希望他不要告我……」

「如果對方要求，要你向他道歉作為條件，你可以接受嗎？」

「怎麼可以是我道歉？明明做錯事情的人是他耶！」

唉，又來了。要怎麼和愛情市場裡的眾男女解釋婚前劈腿偷吃在法律上是天賦人權，而窺探個人隱私在法律上卻是天地不容呢？律師真是時不時地要艱難地對抗一般人的法感情。我看著眼前這位青春可愛的小女生，只要稍有不慎，恐怕就要留下刑事紀錄了。

在交往階段懷疑情人偷吃劈腿，到底該怎麼辦？什麼事可以做，什麼事又萬萬不能做呢？

∞抓到你偷吃，但獲得證據的方法有點尷尬？

柏弟在感情上很沒安全感，老是對女友巧姐疑神疑鬼。某日，柏弟趁巧姐去洗澡時，用她的生日當密碼嘗試開啟她的電腦，沒想到一試就成功。看到女友與其他男生在社群媒體上有許多打情罵俏的訊息，其中有幾則還以「親愛的、寶貝」相稱。E-mail 中也有公司男同事吃飯看電影的邀約。柏弟一氣之下，假冒巧姐名義對數名男性一一回應：「我有一個交往已久且深愛的男朋友，我們從此停止任何聯絡吧！」最後把男性友人的通訊方式全部刪除。

巧姐當晚發現柏弟未經同意擅自侵入她的電腦，並假冒她的名義發訊息、刪聯絡人，氣得一狀告上法院。

「我只是看一下下就好！」現實生活中有多少情侶在雙方交往時，曾因為好奇、沒安全感，甚至是為了蒐證而偷偷查看對方手機的通訊對話紀錄或社群媒體訊息？要是有真實的數據統計，結果恐怕會讓人下巴掉下來。

難道以「捍衛愛情」為盾牌，仗著自己是「女朋友」或「男朋友」的身分，再理直氣壯地補上一句「難不成你有什麼不可告人的祕密，怕被我發現」，就可以恣意地窺探另一半的隱私嗎？

柏弟懷疑巧姐在情感上不忠誠，於是想方設法猜出巧姐的電腦密碼，進入巧姐電腦查看她非公開的資訊。柏弟是否能主張他並非「無故」入侵巧姐的電腦，是因為懷疑巧姐在情感上出軌，所以有「正當理由」去查看巧姐的電腦？

這裡的關鍵在於：在一段情感關係中，「想要蒐證的一方」是否能夠以「懷疑對方出軌」為由，去合法化自己的「駭客行為」？

最高法院判決曾明確指出，夫妻之間，即便是懷疑配偶外遇，一方亦不得恣意窺視、竊聽、竊錄他方非公開活動、言論、談話或身體隱私部位。夫妻間在婚姻中雖然互負忠誠義務，但這並不能成為一方在法律上窺探他方隱私的「正當理由」。

舉重以明輕，既然婚姻關係中的夫妻都不得以懷疑對方出軌為由，向對方行使侵害其隱私的行為，更何況只是交往關係中的情侶？

縱使柏弟再怎麼懷疑自己綠雲罩頂，也不能以此為由擅自侵入巧姐的電腦查看。一旦柏弟輸入巧姐帳號密碼、入侵電腦時，就已經觸犯刑法第三百五十八條的「入侵電腦設備罪」：「無故輸入他人帳號密碼、破解電腦使用之保護措施或利用電腦系統之漏洞，而入侵他人之電腦或其相關設備者，處三年以下有期徒刑、拘役或科或併科三十萬元以下罰金。」

∞假冒他人名義發出假訊息、擅自刪除或變更他人資訊

再來，柏弟假冒巧姐的名義，對她的朋友發出虛假訊息，以及他擅自刪除巧姐聯絡人資訊的行為，均已觸犯了刑法第三百五十九條的「破壞電磁紀錄罪」：「無故取得、刪除或變更他人電腦或其相關設備之電磁紀錄，致生損害於公眾或他人者，處五年下有期徒刑、拘役或科或併科六十萬元以下罰金。」

而柏弟這侵入電腦、並擅自刪除變更巧姐電磁紀錄的行為，已觸犯了數條罪名。依刑法五十五條的「從一重處斷」，即選擇刑度最重的來裁罰。

柏弟心底原本想好的劇本是：找到出軌的證據，好讓巧姐痛哭流涕地向他說對不起，求他別離開；但現實世界中卻可能是偷看的人痛哭流涕地向對方說對不起，求對方別告你。

入侵電腦設備罪、破壞電磁紀錄罪都屬於刑法上的「告訴乃論罪」，受害人事後若願意選擇原諒，撤銷對加害人的告訴，法律即不再追究。但萬一受害人選擇不原諒，加害人可就有吃不完的官司了。

∞運用監視器蒐證，居然引發軒然大波？

樂樂懷疑男友阿輔偷吃，於是在阿輔租屋處偷裝了監視器。之後託辭自己要到外地出差一週，將有好幾天不能和阿輔見面。不出幾日，樂樂果然從遠端監視畫面看到阿輔連續幾日分別帶不同的妙齡女子到租屋處共度春宵。樂樂生氣不已，忍不住傳其中一則側錄短片到 LINE 上面的閨密群組，哭訴自己的男友是個愛偷吃的渣男。

群組中的好姐妹看到這段影片，順手轉發給自己的男友，不料影片就從男友這端流到了阿輔的手上。阿輔看到自己被偷拍的性愛影片後，震驚不已，於是委任律師向樂樂和她的好姐妹分別提出告訴。

樂樂不禁後悔自己當初太衝動，本以為偷吃的男友才是理虧的一方，沒想到自己卻先吃上官司。樂樂的好姐妹得知自己被阿輔告之後花容失色，打電話質問阿輔：「你們情侶吵架，干我什麼事？」

既然是男友的租屋處，自然是屬於男友的私密空間。樂樂即便是阿輔女友，懷疑阿輔在外拈花惹草，對其隱私也沒有合法窺探的權利。因為樂樂對阿輔出軌的懷疑並不能構成她裝監視器偷窺和竊錄的正當理由（理由同前例實務判決）。

樂樂在阿輔租屋處偷裝監視器以偷錄男友的出軌行為，形同無故窺視並竊錄阿輔非公開的活動，已經觸犯刑法第三百十五之一條的窺視竊聽竊錄罪。可處三年以下有期徒刑、拘役或三十萬元以下罰金。

樂樂毀滅式地把阿輔的性愛錄像轉發給社群閨密群組的行為，則會觸犯刑法第二百三十五條第一項的散布猥褻品罪。即使樂樂是因氣憤發給姐妹群組求公審，不是真的想要散布「猥褻品」。但樂樂主觀上對該影片「足以刺激或滿足性欲，並引起一般人的羞恥感甚或厭惡感」已有認識，仍決意要散布給群組內的多數人，便觸犯了此罪，可處二年以下有期徒刑、拘役或科或併科九萬元以下罰金。

值得注意的是，閨密群組中的任何成員再把性愛影片轉傳出去的行為，同樣也可能會觸犯散布猥褻品罪！樂樂的好姐妹即便打電話和阿輔說不干自己的事，但她的手指頭已經按下了轉傳鍵，來不及了。

網路上時不時會流傳被偷拍者的私密影片、照片。很多人可能覺得新奇有趣，便順手轉發。小心！一個「覺得好玩」、「覺得有趣」的念頭，在你轉傳發送的當下，可能就變成其他人性犯罪的幫凶，並且已經觸法了。

會客室外的律師真心話

懷疑交往中的另一半偷吃，如果沒有合法蒐證的方式，不妨直接正面對決，如果對方眼神閃爍、交待不清，不如儘早放生，別耽誤彼此的人生。花太多時間在「蒐證」，恐怕只會讓你浪費生命在錯的人身上。習慣偷吃、劈腿、外遇的人不會因為被捉到就從此「洗心革面」。我們不是法官或名偵探，不用看完所有證據才能進行審判。

對於心愛的另一半，請一併珍惜他的人性尊嚴，包括他的隱私權。沒有人喜歡被別人侵犯隱私，遑論被最信任的另一半窺探、監聽、監視、竊錄了。一個懂得珍惜你的人，會給予你滿滿的安全感。至於那些讓你成日陷在恐懼、擔心、懷疑等情緒中的人，通常都是錯的人。為了錯的人吃上官司？太不值得了哦！

PART 4 婚前篇

愛情平穩時，有人想繼續，有人想退場。
遇到遲遲不肯結婚的人該怎麼辦？
遇到不是真心要和你結婚的人怎麼辦？
真的要結婚了，又該怎麼辦？

20 ︷青春無價︸

與你交往了這麼久，你卻不娶我？

「我不甘心！他怎麼可以這麼無情？這十年的感情算什麼？我十年的青春又算什麼？」女生頂著哭腫如栗子的雙眼，撕心裂肺地吼著。

「他都娶別人了，你不甘心有什麼用？放手吧，不要鬧了。」一旁的媽媽無奈地勸說著。

眼前這對母女檔，一個忙不迭地安慰女兒，一個不停咒罵交往了十年卻在幾個月前偷偷娶了別人的前男友。如此鬼打牆的哭喊，眼看就快要滿一小時了。

「王小姐，我知道您不甘心，那您現在心裡有什麼打算嗎？」我清了清喉嚨，小心地問道。

「我要他馬上和那個狐狸精離婚，然後娶我！」

聽到這話，剛滑進喉頭的熱咖啡，差點沒把我嗆死。

「您的意思是，縱使您很氣憤他在交往過程當中偷偷跑去娶別人，現在您還是想嫁給他？」

「嫁！我要用一生來好好折磨他，讓他付出代價。」

這位小姐，婚姻可不是讓你當復仇天使的工具啊！是不是灑狗血的愛情連續劇看太多了？

「我能理解您的出發點。但是，王小姐，法律並不能去強迫一個人嫁娶，這是對人性尊嚴的尊重，而婚姻是個人意志的展現，所以……」

「我不管！我十年的青春不能就這樣白費！」

我和王小姐的母親對了上眼，彼此臉上都寫滿無奈。

「這樣吧，王小姐，您可以再給我多一點資訊嗎？我看看有沒有機會幫您爭取其他權益，但是強迫他離婚再娶您，在法律上是絕對不可行的。」我說。

「我還能爭取什麼，難道是錢嗎？」王小姐瞇著淚眼看著我。

是啊，十年的青春可以用金錢來替換嗎？還是只能認賠殺出，乖乖停損出場呢？在感情的世界裡，虛擲的青春，能否給個價？法律能介入嗎？如果可能介入，介入的空間又是多大呢？

∞要不到人，謀個財也好？

韋恩和盼盼相識相交多年，一直維持男女朋友的關係，沉浸在兩人世界。某日，盼盼覺得她想要正式與韋恩共組家庭，不能再虛耗青春下去，因此決定要向韋恩「逼婚」。

沒想到韋恩雙手一攤，直白告訴盼盼說他這輩子其實並沒有結婚的打算。盼盼生氣地問為何韋恩不早點和她講，讓她浪費了最寶貴的十年。韋恩聳了聳肩，冷冷回道：「你以前從來沒有問過我，我一直以為你的想法和我一樣，也並沒有結婚的打算。我們倆維持現在這樣，不是很好嗎？」

如果青春是一場交易，你想要交換些什麼？有些人互換了對方的一顆真心；有些人換得名車名錶名牌包，卻永遠換不到名分；有些人比較倒楣，換到了無情的欺騙；有些人則換來緣分盡了、無法歸咎於任何一方的句點。

十年餘的交往中，韋恩遲遲沒有提出結婚的請求，但也沒有打算放開盼盼的手。這樣的韋恩，有錯嗎？

法律上來說，沒有錯。法律並沒有規定兩人交往到一定年限後必須要結婚。道德上來說，韋恩可被非難嗎？這的確有討論的空間，然而，那又如何呢？旁人頂多說幾句：「哇，這個男的真的很自私耶！」「唉呀，這個女的好可憐啊！」這女孩，也沒什麼能爭取的了。

縱使今天韋恩並沒有要單身一輩子的打算，他只是在和盼盼交往十年後分手，轉身閃婚娶別人，這樣有問題嗎？盼盼可以向韋恩索賠「青春慰撫金」嗎？

老話一句，法律不是道德的制高點。只要兩個人是心甘情願交往，中間過程沒有惡意欺瞞隱匿，最後就算落得分手下場，也不能因為人要不到，就想謀財。若想拿交往時間換取金錢，法律上是不可行的，畢竟，「青春無價」！

∞遲遲等不到你開口，原來你早有個遠距離「配偶」？

東東和小梅是大學時代就交往的男女朋友，已經在一起十年餘，某日小梅接到一名陌生女子的電話，告訴她：「你交往的對象已經結婚了！請你自重，不要破壞別人的婚姻與家庭。」小梅非常驚訝，便質問東東到底發生什麼事。

原來在這十多年間，東東曾因畢業到美國留學而和另一名女孩小花交往，甚至在美國當地結了婚。返臺後，因為東東顧忌被小梅發現，一直刻意不去辦理結婚登記，也與小花兩人感情轉淡，漸行漸遠。而這些過程，小梅一直被蒙在鼓裡。

小梅可以在法律上有所主張嗎？而在美國和東東結了婚的小花該怎麼辦呢？

「一覺醒來，男朋友變成了別人老公」這樣的劇情不是只會出現在連續劇裡，現實中也可能會發生。小梅莫名地「從正宮變小三」，如果說青春無價，這個案例要闡述的，則是「欺騙有價」了。

東東和小花的婚姻效力為何？東東是否可以他與小花的婚姻在臺灣未經登記為由，而主張婚姻無效？這恐怕是不行的。

東東和小花的婚姻，在符合臺灣法定之婚姻實質要件的前提下（假使東東跑去一夫多妻的國家故意娶了多名妻子，即不符合。因臺灣不容許一夫多妻），若是按照婚姻舉行地（本案例為美國）所要求的法定方式完成結婚手續、符合當地的法律規定，其婚姻即屬有效。縱使在臺灣未經登記，該婚姻在臺灣仍被承認合法、有效。

如果膽大包天的東東，在美國結了婚，事後還與小梅在臺灣再結一次婚，這就觸犯了刑法第二百三十七條的「重婚罪」，可處五年以下有期徒刑。即使在交往順序上，小梅是先來，小花是後到，但因小花是東東合法的配偶，若小梅在得知東東已婚後，仍繼續和東東維持男女關係，小花大可以告東東和小梅兩人侵害她的配偶權，請求民事上的精神慰撫金（詳細探討請參閱一三八頁〈小三人生〉一文）。

那倒楣的小梅呢？難道她就活該人財兩失嗎？

很明顯的，東東隱匿後來與他人結婚的事實，導致小梅在不知道事實全貌的狀態下與東東發生親密關係，此舉即侵害了小梅的貞操權（關於貞操權定義，請參閱一四八頁〈婚前劈腿〉一文）。小梅雖非在財產上受到損害，仍可以在民事上向東東請求慰撫金的賠償。

如果東東大澈大悟，發現小梅才是真愛，而小梅也願意原諒，還是肯嫁給他。此時東東該怎麼辦？

東東必須要先處理當年和小花結下的婚姻。因為是在美國結的婚，先前又無在臺灣登記結婚。因此，想要在臺灣離婚，東東和小花必須「先結再離」——先與小花到臺灣戶政機關補辦結婚登記，再辦理離婚手續。等到順利和小花離婚之後，才能再和小梅結婚。

會客室外的律師真心話

相處了十年，才說彼此個性不合，或面對婚事話題，總說著「想等我的工作再穩定一點」、「對婚姻還沒做好心理準備」、「等家人比較能接受你後，再……」，這樣的交往對象可能不是不想結婚，多半是「不想和你結婚」。

而如果「新娘／新郎不是我」這種慘事不小心發生在你身上，請拍拍自己胸脯，大聲說句：「好險，好險，差點就和他／她結婚了！」試想，如果真和這種負心人進入婚姻，不知道會被劈腿欺騙到什麼程度呢！

21 {長年同居}只差一張紙的距離，最後什麼都沒有？

「我照顧王先生二十幾年，他前妻和小孩都沒有來醫院探望過他。直到王先生去世後，他兒子才突然出現，說王先生的遺產都是他的，叫我一毛錢都別痴心妄想。其實，我從來沒圖過王先生一分一毫，還把自己為數不多的養老金全花在他的治療上。最後被他兒子這樣說，你說我情何以堪？」

一位六十幾歲的婆婆，在我面前涕淚縱橫，我看著她，心裡也像堵著什麼一般。

「我姐姐從沒圖謀過王先生的任何財產，否則之前王先生想把他的房子移轉到我姐名下的時候，我姐何必斷然拒絕？但王先生那兒子不僅對他爸爸生前不聞不問，還把所有的照顧工作都丟給我姐。現在可好了，王先生走了，那兒子沒向我姐道謝就算了，還以小人之心度君子之腹，對我姐撂這種狠話。」

說話的是老婆婆的妹妹，雖然年紀看似也近六十，但和姐姐逆來順受的樣子不同，講起話來聲如洪鐘。

「張奶奶真的是委屈了。那麼請問一下，今天來事務所，兩位是希望達到什麼目標嗎？還是特別想要處理哪一塊呢？」我開口問道。

「我姐二十幾年來陪伴王先生的青春就算了，主要是因為她連自己的養老金都投進去了，還換來他兒子這麼無情的對待。想請律師您幫我姐看看，有沒有機會把她之前在王先生身上花的龐大醫藥費要回來一點。」

「我明白了，我來看看可以怎麼幫忙，但是我還需要姐姐多提供我一些資訊。想請問張奶奶，王先生和您之前生活上主要的開銷花費，都是誰支付的呢？」

「之前主要都是靠王先生的退休金支付所有開銷，一直到最後面他生病的那個階段，醫藥費實在太多，錢都花光了。但我又捨不得他因為沒錢就不能治病，我就把我自己的老本全拿出來……結果很快也全花光了。」張奶奶頹喪地低下頭來。

「原來是這樣，我了解了……」唉，我不禁在心底幽幽地嘆了口長氣。

與一個人相惜相守多年，不求回報地付出，最後怎麼落到這般田地？人性在金錢的面前有多麼不堪一擊？我們有機會討回「實質正義」嗎？

∞生前曾是同居人，身後卻成了法律上的陌生人？

老周和阿純兩人都中年喪偶，在一次偶然的聚會中認識彼此，並萌生相伴的念頭，但因為顧慮雙方原本家庭孩子們的感受，兩人選擇不再婚，一路相知相守到老年。

近十年來，老周身體欠佳，即使阿純不離不棄，悉心照料老周，最後老周仍因病離開人世。

老周去世後，其長年居住在海外的獨子返臺處理老周的後事和遺產事宜。然而老周的遺囑中對阿純隻字未提，亦無留下任何財產給她。阿純和老周之前都靠著老周每個月微薄的月退俸過日子。如今老周離世，阿純的生活頓時陷入困境。

阿純向老周的獨子反映自己的生活實在無已為繼，對方卻如此告訴阿純：「阿姨，謝謝您陪伴照顧我爸爸那麼久，但畢竟您不是他的法定配偶，我問過律師了，他說您在法律上沒有任何繼承權。所以請您不要想從我父親的財產中分得什麼。」

阿純聽到此話，不禁心灰意冷，覺得自己傻傻付出多年的真心，卻換來父子兩人的絕情對待。法律有辦法幫助到阿純嗎？

在我們的社會中，有一群人不願被婚約束縛，卻非常樂意與心愛的人共同生活。這些人的生活型態可能和一般已婚夫妻並無太大差異，有些人甚至連小孩都生了，和已婚夫妻的唯一分別，是他們並沒有去辦理「結婚登記」。

∞何謂「事實上夫妻」？

有鑑於「有夫妻之實，卻無夫妻之名」的人愈來愈多，最高法院和大法官解釋都承認「事實上夫妻」的概念。但事實上夫妻並不是一起同居的情侶就算，還要滿足主客觀上的許多條件。

例如當事人雙方雖未登記結婚，但主觀上認定彼此是夫妻關係，如同進入婚姻般共同生活；對於彼此關係有獨占、排他的意思；客觀上有共同生活的事實，包括長期同居共財、共同養兒育女、對外以夫妻形式經營關係等，且外人亦認為該男女就是夫妻關係。

簡言之，符合事實上夫妻定義的雙方當事人，在實質上的互動相處與法律上具有婚姻關係的夫妻幾乎一樣，只因欠缺婚姻的法定要件（未辦理結婚登記），致使其未能成立法律上具有婚姻關係的伴侶。

∞「事實上夫妻」有什麼好處？法律上的權利義務是什麼？

只要是符合「事實上夫妻」的伴侶，縱使兩人沒有婚姻關係，也可以「類推適用」法律關於夫妻間身分上與財產上的「部分」規定。例如長期同居的事實上夫妻分手時，假使分手原因可歸責於一方（如家暴、劈腿），令他方因此陷入生活困難，他方得請求對方支付相當金額的贍養費。又比如法律上規定夫妻間互負扶養義務，並各依其能力負擔家庭生活費用，因此事實上夫妻經濟上較弱勢的一方，也可以請求他方支付扶養費、負擔家庭生活費用。

但是，事實上夫妻，若一方死亡，另一方也具有繼承權嗎？法律上的夫妻，若一方死亡，另一方享有繼承權是毫無疑問的；然而事實上夫妻只能類推適用法律上關於夫妻間的「部分」規定，並非全部一體適用，繼承權即是被排除類推適用的夫妻間權利之一。

因為阿純和老周之間沒有婚姻關係，阿純對老周的遺產沒有繼承權。她只能被動地接受老周的「遺贈」。偏偏老周可能是無心或刻意忽略，其遺囑並未贈予阿純任何資產。

可憐的阿純難道真落到什麼都沒有的田地？幸好法律不外乎人情，若符合特定的條件，阿純是有機會依法請求酌給遺產的。

此處的「特定條件」包括：請求酌給財產的聲請人必須是被繼承人生前繼續扶養

之人，因被繼承人死亡，導致其不能維持生活且無謀生能力。阿純在老周生前，兩人一直靠著老周的月退俸維生，如今老周走了，阿純也因年事已高無法再出去工作。雖然老周的兒子冰冷地告知阿純「不要想從我父親的財產中分到什麼」，但阿純其實可以依事實上妻子的身分去聲請酌給老周的遺產。

至於一開始來到事務所的張奶奶，她是否能把之前幫忙王先生支付的醫藥費討回來？恐怕機會不大。正如同情侶間的贈與，今天我幫你付這，明天你幫我出那，哪些是贈與，哪些是借貸，早就分不清了。除非有白紙黑字載明金錢屬性，否則情侶間的資金流轉，往往是一去不復返。

何況，張奶奶與王老先生是事實上夫妻的關係，即是如同一般夫妻間同居共財的關係。只要張奶奶自己是心甘情願拿出錢給王老先生治病，除非有證據證明張奶奶有事先聲明「只是借錢墊付醫藥費，日後須歸還」，否則這筆已幫忙支付的醫藥費很難討得回來。

幸好，張奶奶並不是什麼都不能爭取，依民法一千一百四十九條，她還有一個請求「遺產酌給」的機會。自從與王老先生交往以來，張奶奶一直受其扶養照顧，直到王老先生往生後，頓失所依，生活也陷入困境。因兩人曾是事實上夫妻的關係，且符合前述條件，張奶奶可請求酌給王老先生的遺產。

「事實上夫妻」雖能類推適用「法律上夫妻」間的許多規定，但前者在法律上能享有的權利，遠遠不如後者。若希望在自己離開人世後，還能以遺愛去照顧沒能和自己結婚的「另一半」，請在遺囑裡面寫清楚。否則，到時所有遺產被其他「法定繼承人」依法拿去，還在人世間的「另一半」也只能欲哭無淚了。

會客室外的律師真心話

要成立法律上定義的「事實上夫妻」其實非常不容易，必須主觀面、客觀面都符合嚴格要求。大部分的「同居情侶」其權利義務可能和「室友」相差無幾，縱使互相稱呼對方為「老公、老婆」，也不會因此就成為「事實上夫妻」。

雖然只差一張結婚證書的距離，卻可能是全有或全無的分別。如果你很在乎日後對方的離開會使你變得「一無所有」，那麼誠心建議，還是找一天去戶政事務所辦理結婚登記吧！切莫等到陪伴了數十寒暑以後，你才驀然發現──不只你的青春灰飛煙滅，你的名字也沒出現在他遺囑裡面。

22 〔假戲真做〕

假結婚是為哪樁？

「律師，我真的不喜歡她，重點是，我還有一個正牌女朋友等著我去結婚好嗎？」

眼前這位相當有型的年輕男生，身上紋著滿滿的刺青，胳膊上一個大大的英文字「LOVE」，伴著一顆被愛神之箭射穿的心，顯得隔外醒目。

「所以，您和這個女生結婚了，但她並不是你的女朋友？而且您還不喜歡她？這個……」是我跟不上時代嗎？怎麼愈聽愈糊塗。我不禁抬起頭，滿臉問號地盯著眼前這位型男。

「還不是因為這個女生說，她上班上那麼久了，都沒放過長假，想說先和我假結婚，藉機請個婚假嘛！」

「只是因為想請婚假，請您幫忙，然後您就一口答應和她結婚去了？」我倒抽了一口氣。

「對啊！本來說好，她一放完婚假，我們就一起去戶政事務所辦離婚，我怎麼知道她現在會反悔？」

這兩個年輕人跑得好前面，我完全看不到他們的車尾燈了。

「請問她反悔的原因是什麼？」

「她說她其實一直很喜歡我，想和我有個結果。但我不喜歡她啊，我還有女朋友耶！我覺得我被她設計了啦！」

「您的女朋友知道您跑去和她假結婚嗎？」

「本來不知道，但現在事情搞成這樣，她當然什麼都知道了。」型男懊惱地說著。

「您的女朋友有什麼反應？」應該想把你大卸八塊吧，我心底暗忖。

「她限我一週內搞定和這個女生離婚的事，不然就要和我分手！律師，拜託你救救我啊！我很愛我的女朋友，我不想和她分手……」型男一付泫然欲泣的模樣，真是早知如此，何必當初？

古有名訓：「結婚容易，離婚難！」現在居然有人為了請婚假，跑去登記結婚。難道這名熱愛婚假的太太不肯離婚，型男這輩子就毀了嗎？法律上有沒有什麼方法可以幫助型男恢復單身？型男又會因為他草率的結婚行為付出代價嗎？

∞我只是一時昏頭，不是真有「結婚的念頭」

Oliver和Olivia從小就是一起長大的好「麻吉」，他們作風開放，青春時總夢想著一起勇闖天涯，彼此之間熟絡得不得了。某日，兩人經過一間新開的婚紗店，正在舉辦優惠活動，只要在當月指定日期結婚的新人，即可獲得豪華郵輪環球之旅。

Oliver和Olivia心生一計，乾脆假結婚再離婚，就能免費享受到豪華旅遊，順便為兩人友誼留下美好回憶。於是兩人興高采烈地跑去辦理結婚登記。但這樣真的沒問題嗎？

結婚的理由百百種，有人礙於父母壓力，有人因為生理時鐘已到，有人不想再孤單寂寞冷……無論理由為何，只要兩人真心想婚，法律不會去問兩人結婚的動機是什麼的，更不會去理會雙方有沒有愛對方。你不愛，但願意被綑綁一輩子，那也是你的個人自由。

不過，倘若只是把婚姻當「手段」，亦即原本就不打算真的結婚，只是走個婚姻的「形式」，過不久就準備馬上離婚。這樣的情形，法律上會認定雙方當事人並沒有真正要結婚的意思。既然沒有要結婚的「真意」，還跑去戶政機關辦理結婚登記，那就是浪費國家資源、愚弄公家機關了。

對於這種行為，法律上是不能容忍的。會觸犯刑法偽造文書罪章第二百十四條的「使公務員登載不實罪」。Oliver 和 Olivia 明知是不實的事項（假結婚），仍使公務員（戶政機關人員）登載於職務上所掌管之公文書（結婚登記），足生損害於公眾或他人（如婚紗公司）。一旦本罪成立，有機會被處三年以下有期徒刑、拘役或一萬五千元以下罰金。作風開放的兩人為了免費旅遊，若是一不小心露出破綻，得付出的代價可不小呢！

此外，Oliver 和 Olivia 並沒有結婚的真意，但本於詐欺故意假裝結婚（施詐行為），此舉讓婚紗公司陷於錯誤，提供兩人免費的豪華郵輪之旅，導致其受有財產上損害。兩人行為也已成立刑法第三百三十九條的詐欺罪（詳細探討請參閱〇八〇頁〈包養關係〉一文）。

回頭看一開場走進事務所求救的型男，為了「婚假」而假結婚，這樣的情事在現實生活中不是沒發生過，最慘的是假結婚之後，其中一方反悔了，覺得結婚好像也滿不錯的，於是不打算離婚，乾脆「弄假成真」，該如何是好？

其實，法律上還是有挽回的餘地。型男可以藉由提起確認婚姻關係不存在的民事訴訟，得到勝訴確定判決之後，再拿去戶政機關塗銷配偶的登記。若型男自首假結婚情事，待刑事判決確定後，型男也可自行到戶政機關辦理，依內政部函釋：「夫妻經刑事判決無實質婚姻關係，自得持憑刑事判決書及判決確定證明書向戶政事務所辦理。」不須「另一半」的配合。

∞人頭老公真好當，財色雙收？

已經失業數個月的阿明，輾轉從友人口中得知，有一個賺錢的機會。他「只」需要出個名字，當某外籍女子的「人頭老公」，不僅能領一筆「結婚費用」。如果該名女子成功到臺灣，他還可以按月領數千元的「零用錢」。

阿明心想，這樣的收入對於目前無業的他，也不無小補。於是欣然答應這樁「婚事」，按指示和一名外籍女子假結婚。未料不久後，阿明被警察通知約談。原來，負責幫這些外籍女子找臺灣人頭老公的人蛇集團被查獲……

「假結婚，真打工」，這樣的故事時有耳聞。年長的榮民、獨居的老人、想娶妻的單身漢等經由他人介紹，迎娶了年輕貌美的外籍新娘，看似人財兩得的交易，沒想到卻是人蛇集團的陷阱，利用臺灣的「人頭老公」和外藉人士假結婚，以便把外籍女子運送到臺灣各地打工，包括看護、清潔、甚至陪酒、賣淫等工作。

阿明真的遇到這麼好的事？討個老婆不僅可以收錢，還有機會按月領零用金？天下沒有白吃的午餐，天下更沒有白娶的美嬌娘。阿明將面臨的，很可能是嚴重的法律後果。

首先，因為阿明和外籍女子兩人並沒有真心要和彼此結婚的意思，阿明只是想出個人頭拿錢，而女子的真意是想藉此拿到身分來臺。兩人卻一同向戶政機關辦理結婚登記，此行為業已觸犯前述提過的使公務員登載不實罪。

再者，假設女子的身分為中國籍人士，「臺灣地區與大陸地區人民關係條例」中有特別規範：若使大陸人士非法進入臺灣，得處一年以上七年以下有期徒刑；若「意圖營利」而為之，加重處罰，得處三年以上十年以下有期徒刑。只是為了蠅頭小利，卻可能要背上這麼重的刑責，實在太不值得了。

會客室外的律師真心話

把結婚當成玩笑在進行的人，往往最後都笑不出來。依現行法律，離婚是一件非常困難的事。若是雙方當事人可以好好協議兩願離婚，那真是祖上積德；不幸踏上離婚官司一途，不僅歹戲拖棚，還未必可以成功離婚。

還有一群人，試圖把結婚當成犯罪手段。走到這一步，可不是讓人離個婚就解決，當事人可能要面臨嚴重的「刑事責任」。包你賺錢的婚姻，通常是包了糖衣的毒藥，請勿因小失大，想清楚再結婚吧！

23 單身求子

結婚沒興趣，小孩我可以？

一進辦公室，兩籃浮誇的水果占據了我整張辦公桌。原來是之前和林律師合作的一個案子，客戶很滿意和對方談判的結果，特地送了禮盒來事務所。

我拿起一籃遞給助理，說道：「這個麻煩你幫我拿給林律師，就說是客戶送的。」

「律師，你難道不知道嗎？林律師最近請假一個月。」

「怎麼啦？又跑去玩啊？」我訕訕地回話，心想什麼時候才可以輪到我。

「好像不是耶，她這次請了長假在家休養，之前好像求子之事讓她很困擾，心情憂鬱到要看諮商心理師……」

「求子?!」我才剛喝一口的新鮮果汁，對著電腦螢幕無懸念地直線噴出。也立刻想起來……

「咳咳，我記得林律師還單身對吧？」我追問助理。

「好像是……林律師一直很喜歡小孩，其實她很早就有借精生子的想法了，你不知道嗎？」助理回答。

「借精？我當然不會知道啊！」

「她也一直抱怨臺灣的某些法律對單身者很不友善，可是她又死都不想結婚。」

「這樣子呀……」我有一搭沒一搭地回道。其實用膝蓋想也知道，林律師是在抱怨人工生殖法對適用者的身分限制——單身者不得利用人工生殖來受孕生子。

而看過無數夫妻捉對廝殺，有些怨偶分手過程之慘烈，讓人不忍卒睹，林律師不敢結婚也是情有可原。

「林律師不想結婚，卻想生孩子，又沒對象可以直接……幫她，這題有解嗎？」

我不禁喃喃自語。

∞「求精」原來這麼難！

Vicky是一名事業有成的女性，車子、房子、金子樣樣不缺，獨缺孩子。Vicky的姐姐最近生了一個寶寶，活潑可人，不知是否因此激發Vicky的母愛，讓一向是不婚主義者的她也極度渴望生個自己的小孩。

既然抱定生子決心，又不想屈於婚姻框架，行動力極高的Vicky馬上打電話到精子銀行詢問，不料對方卻告知她並不符合受贈者的資格。

Vicky不禁納悶，自己學經歷俱佳、經濟優渥不說，還身體健康、思慮成熟，為何會被告知「資格不符」呢？

這其實不是Vicky的錯。在當今的法律規範下，Vicky因為是「單身」身分，所以才會被判定不符受贈精子的資格。

想要在臺灣進行人工生殖，必須符合「人工生殖法」中的諸多限制。導致許多想要生子卻不想結婚的單身女性「無精可用」，因現行法律明確規範，必須是有婚姻關係且經過醫療機構判定不孕的「合法夫妻」，或罹患主管機關公告的重大遺傳性疾病有生育異常子女之虞，且夫妻須有一方具有健康的生殖細胞、無須接受他人捐贈精卵者，方得施作人工生殖。

此外，在現行人工生殖法的規範框架下，對捐贈精子或卵子之人（下簡稱「捐贈人」）和受術夫妻間的關係亦有其限制，同一捐贈人捐贈之生殖細胞，不得同時提供兩對以上受術夫妻使用。本法亦明文規定嚴禁精子、卵子的買賣。

在現代社會，其實許多女性在工作、生活等各方面能力往往不比男性差。她們享受單身，不願意受到婚姻的拘束，其中也有一群這樣的人渴望有小孩，卻被剝奪了合法安全的精子銀行的管道，只因她們的身分是「單身」。如果求子心切，少數人可能鋌而走險，轉向不合法的方式。非法的捐精管道，其精蟲來源多半未經事前健康評估與篩選，無法事前過濾掉傳染性疾病以及遺傳性疾病。

在報章媒體時有所聞，有些有時間也有錢的單身女性，想要小孩又不想結婚。不願意透過非法管道借精的她們，選擇飛到海外找合法的精子銀行做人工受孕。但這樣的花費和時間，恐怕不是一般人能夠負擔得起。

∞同性結婚，卻不得合法生小孩？

小蜜和小靜是一對恩愛的同性伴侶，她們在二〇一九年的五月底辦理了同婚登記。婚後的兩人一直過著開心的生活，但一直有個隱隱的缺憾——兩人都非常喜歡小孩，想要嘗試由小蜜取卵、小靜懷孕，一起生下兩個人的小孩，當然還要有精子捐贈者的協助。但是，她們在臺灣並不能經由合法的精子銀行取得精子，該怎麼辦？

二〇一九年五月二十四日起，同性伴侶可以在臺灣合法結婚了！在相對保守的亞洲，臺灣實屬開了先河。但許多相關的配套措施還沒來得及修法，未能跟上同婚合法化的腳步，現行的人工生殖法即是一個典型的例子。

依現行人工生殖法所定義的人工生殖，只適用於具有合法婚姻關係的異性不孕夫妻，或異性夫妻但有罹患重大遺傳性疾病且有生育異常子女之虞者。故單身者、同性伴侶都被排除於人工生殖法之外。

因此限制，逼得許多求子心切的同性伴侶只能遠赴海外求子。以小蜜和小靜為例，兩人若真要求子，小蜜可能得先在臺灣凍卵後，將卵子輸送至國外，兩人於國外借精，做試管嬰兒，最後植回小靜子宮，待胚胎著床，兩人再飛回臺灣。一趟海外求子所費不貲，若是飛回臺灣之後又不幸流產，所有花費將付諸流水。

若是男同志想生子，還必須找到海外代理孕母，因為臺灣也尚未合法化代理孕母（目前仍在草案階段），如此一來，其求子的成本又勢必更高了。

臺灣的醫療一直名列世界前茅，技術與人才更是全球水準之上。但為什麼在某些情況下，得讓求子心切的人們不得不去海外尋求其他國家醫療？甚至聽聞有些人為了節省開銷，去了醫療水平相對落後的國家。

法與時俱進，在現行人工生殖相關的法規範下，對於單身者和同性伴侶並不友善的法律框架是否合理，值得我們深思；充斥著矛盾甚至不平等待遇的條款，往往只會讓人無所適從而已。

會客室外的律師真心話

「想要有小孩，就一定得結婚？」「小孩一定要有父有母，才能健全長大？」試想那些從小到大看父母爭吵不休的孩子們，他們的成長過程真的「健全」嗎？有著滿滿的愛和關懷，就算是只有爸爸或媽媽陪伴長大的單親孩子們，難道他們的發展就「不健全」嗎？不妨偶爾跳脫傳統的思考框架，許多事物的本質和我們所看到的表象，很不一樣。

24 婚前契約

你若真愛我，怎可不給我？

「律師，我真的不行了。早知道結婚會變成這個樣子，我真的不敢結啊，求您幫幫我！」

坐在我面前的是一位年薪百萬的工程師，卻面色蠟黃，鬱鬱寡歡。

「徐先生，您先喝口水，別激動，慢慢說。是在婚姻裡受到什麼委屈嗎？」

「怪就怪我自己，婚前被熱情沖昏了頭，傻傻簽下一份極度不平等的婚前契約。有了這份契約，我每天好像在坐牢一樣，而且是無期徒刑。」

我看著寫了滿滿兩大頁的婚前契約，不禁皺眉。這哪是什麼婚前契約？根本就是入監條款嘛！

「每個月要求我給她十萬零用金。我每個月賺的薪水雖然有十幾萬，而且這還是未繳稅前的數字。所有費用，包括房貸、車貸、保險費、小孩的學費、雙親孝親費、水電瓦斯林林總總，幾萬塊遠遠不夠支付。她自己有一份收入不錯的工作，但完全不願負擔任何家計，還硬性規定我每個月一定要生出十萬元整給她。稍有短缺，她就大吵大鬧，我還得馬上開立借據加利息好安撫她。」

哇！有沒有這麼誇張？這位太太根本是把婚前契約當作保本型投資吧！

「為了應付她高額零用金的要求，我在股票市場有些投資，如果有兼差機會也不會放過，本想著能多賺一點是一點。但這陣子行情不好，大家都賠錢了，賺外快的機會也大大減少。我請她共體時艱，能否酌減每月零用金。她聽聞馬上大哭大鬧，說我違約……總之，她不但不答應減少零用金，還要求我把薪水全數交給她，由她打理。之後，她每週發給我五百塊的零用金。我得靠這五百塊撐過每週工作日的吃喝與交通，平均一天只能花一百塊。」

這下子，我可真的是開眼界了。這位太太是在逼迫先生演臺版的「省錢大作戰」節目嗎？

「還有……這個有點難以啟齒……我每天上班都累得要死，回家漱洗完倒頭就睡。她就指控我沒有照著我們協議好的婚前契約，一週內至少需要恩愛五次。每少恩愛一次，過錯方必須支付新臺幣十萬元。她說我現在已經欠她五百多萬了，叫我趕快匯款……」

聽到這裡，我真是無言以對。這位犀利人妻若真的把婚前契約拿進法院，法官會如她的意，判給她想要的嗎？

∞想結婚，先來份婚前契約吧！

喬治和小好兩人在一場高級的工作餐會上認識，剛好都到了適婚年紀，決定以結婚為前提交往。某日，燈光好氣氛佳，喬治在酒精催化下，本著一股衝動，在餐廳單膝下跪向小好求婚。

小好沒有驚喜的眼淚、也沒有驚訝地摀住嘴直搖頭，只是冷靜微笑說道：「結婚可以，但是我們要簽一份婚前協議，我才能答應你。」

未久，小好寄來了一份自己草擬已久的婚前協議，內容如下。喬治不可置信地看了再看，整份協議極度不平等，於是他找上了律師好友，準備好好問個究竟。

協議內容如下：

一、雙方同意，雙方結婚後之財產均由女方管理並得逕自處分。

二、婚後，男方應將其薪資之百分之八十作為家庭生活費用。若有餘額，即視為男方給付予女方之自由處分金。

三、男方按前條所給付之家庭生活費用，若有不足，應於當月補足。若不能於當月補足，使女方先行代墊者，男方應自翌月起按日息萬分之五計算，直至償還女方為止。

四、男方有外遇、家暴、言語侮辱、精神虐待（含冷暴力）等情事，女方得以此為由提出離婚，男方除應無條件同意雙方協議離婚外，並同意將其名下所有財產移轉予女方，其所涉應納稅額及其他交易相關費用亦由男方負擔。

五、若雙方離婚，不論離婚原因是否可歸責於女方，男方同意自離婚時起，按月於每月三十日前支付女方當月贍養費新臺幣十萬元。

六、若雙方離婚，雙方同意兩造之未成年子女之權利義務行使及負擔，由女方單獨任之。男方並應按月於每月三十日前支付女方當月扶養費新臺幣十萬元至未成年子女滿二十三歲止。

七、婚後家務由雙方共同分擔，每週一、三、五由女方負責，每週二、四、六由男方負責，每週日請專人打掃。

八、除一方患有疾病而不適合行房者，雙方約定每週需至少行房五次。若係可歸責男方之事由，每少一次，男方應支付女方十萬元以為補償。但雙方另有約定者不在此限。

九、因夫妻皆為獨生子女，雙方約定婚後所生子女之姓氏，第一胎應從父姓，第二胎應從母姓，以此類推。

十、若雙方離婚時已共同育有子女，則雙方均承諾終身不再嫁娶。

這麼「喪權辱國」的契約？如果喬治還願意答應和小妤結婚，只能說「如果這不是真愛，什麼是真愛」？

處於熱戀期的情侶，許多人常發生鬼遮眼的症頭，即便當下看到這麼不合理的條款，因為真的很想婚，仍是一邊簽字一邊流下恥辱的眼淚。然而，這些協議，其實在法律上不一定有效。

基於「私法自治」及「契約自由」原則，只要經當事人之間本於自主意思、不違反法律強制或禁止規定、公序良俗，原則上什麼都可以用協議的方式來約定。但當契約內容違反「公共秩序」、「善良風俗」、「法律強制禁止規定」時，契約自由原則會被例外地限縮，而違反前述原則的契約條款，會因此無效。

舉個例子，我今天和某人簽下一紙「買凶殺人」的契約，有效嗎？當然無效，因為違反公序良俗。所以，並不是所有白紙黑字寫進契約裡的東西都有效。

那麼，小妤這份洋洋灑灑的婚前協議，是否每一條都能如她所願呢？

∞內容涉及「經濟負擔過於苛刻」

「你的就是我的，我的還是我的」，這通常是喪權辱國條約簽訂的第一步。關於雙方收入在婚後如何支配運用，其實只要經雙方同意，法律原則上不會過問。婚後的家庭生活費用，雙方可協議由一方全額負擔或是依雙方經濟能力比例分擔，同樣的，只要經雙方同意，法律也懶得過問細節。

但細讀小妤婚前協議的第一、二、三點，我們忍不住為喬治捏把冷汗。這樣的財務安排是否過於偏頗？

實務上曾有判決，妻子規定丈夫每個月收入全上繳，支付開銷有餘歸妻有，不足則由夫補足差額，且以欠款方式處理。法院認為此種安排對婚姻中一方過於苛刻，有失公允，違反公序良俗，故此約定無效。

回頭看一開始來到事務所的徐先生遭遇。徐太太每個月除了有自己工作所得外，還有徐先生上繳的十萬元，依徐先生的薪資水平，在負擔所有的生活開銷之後，還能再給妻子每個月十萬元的零用錢，恐怕不是要去賣血，就是要去報名人體實驗了吧？

當徐太太與閨蜜們享受貴婦生活的同時，徐先生還在外頭不停兼差，甚至可能只以泡麵果腹。這看起來合理嗎？

極度不合理。這樣的安排不只違反公序良俗，更傷害了徐先生的人性尊嚴。如此苛刻的婚前協議，很可能會被判無效。

∞內容涉及「預立離婚事由」

依照最高法院相關實務見解，婚前預立離婚契約者，其內容因有悖於雙方共組家庭、長久經營並共同生活的本質，有違婚姻的精神，違反善良風俗，故屬無效。

因此，小好所列的第四點，以及坊間常見到的離婚條款，諸如「一旦某方外遇、家暴、精神虐待……即無條件離婚」等，這些表面上看似有理的條款，卻屬於典型的預立離婚事由，無效。

∞內容涉及「贍養費」

金錢的部分，原則上可由夫妻雙方自由約定。至於離婚後，雙方財產的處分和贍養費支付能否在婚前被約定？早期和近期的實務見解未有一致。

早期法院認為，婚姻應以永續經營為目標，所以無論是預立離婚事由、離婚後的親權行使、離婚後的贍養費給付等，凡與「離婚」扯得上一點關係的，都有違反善良風俗之嫌。

然而，法與時俱進，近期的實務見解則認為：只要不是預立離婚事由，若是雙方就離婚後衍生出來的財產問題事先約定處理方式，若因此能減少雙方未來訟爭，似無不可。

簡言之，只要和預立離婚事由無關，法院在看待其他衍生出來的條款，如財產分配、贍養費的安排，會有稍微寬容一點的空間。關於小好婚前協議的第五點，法院可能會依個案情形酌情裁量。

∞內容涉及「未成年子女權利義務的行使」

因為離婚所衍生出的子女親權（俗稱「監護權」）問題，需特別留意。關於子女監護的部分，法院近年採取「在當事人雙方離婚時，依『子女的最佳利益』作為酌定親權人、主要照顧者的標準」為原則。

我們可以這樣理解：計畫趕不上變化，若一早就預立了誰是未來行使親權之人，但在數年後，這位預設親權人大大「走鐘」，喝酒、賭博、家暴、情緒失控樣樣來，又或生重病不能自理，難道仍然照原約定由其來擔任未成年子女的親權人嗎？實在不合理。故未成年子女親權相關行使的部分，不能在婚前去協議。小妤婚前協議的第六點，無效。

∞內容違反公序良俗、違反法律強制或禁止規定

夫妻間的親密關係，乃屬於個人性自主的範疇。強制規定每週性生活的頻率，甚

至還規定次數不夠要罰錢，實在有違人性尊嚴，也不符法律保障性自主權的精神，違反公序良俗。小妤婚前協議的第八點，無效。

離婚後，強制要求對方不能再婚，也違反了憲法所保障的婚姻自由。小妤婚前協議的第十點，無效。

另外，曾經看過一些婚前契約條款，如：「一方若違反婚姻忠誠義務，應在雙方父母家門前罰跪三天三夜，並取得雙方父母原諒。」「未於期限內執行負責的家務分工，須自行掌摑十分鐘，以示懺悔。」這些條款都非常有創意，可惜均因違反公序良俗而無效。

∞其他有效的婚前協議條款

看了前面這麼多，你現在心裡是不是想：「原來婚前契約都是騙人的，根本沒有什麼可以約定嘛！」

其實倒也未必，只要把前述無效的外遇條款（若你外遇，我們就離婚），稍稍修改為：「若一方外遇，則需支付他方新臺幣□□元罰款，作為其精神損害賠償。」這樣的外遇條款，因為無涉離婚，僅有金錢上的賠償規定，有效。同樣的，也可以用類似的邏輯去訂定「家暴條款」，用損害賠償來代替預立離婚事由。

小妤婚前協議的第七點家務分工、第九點子女從父母姓氏的約定，都屬於典型婚前契約常見的條款，沒有問題。其他諸如婚後共同住所地、婚後欲選定的夫妻財產制等，也可先在婚前契約中約定好，避免日後爭議。

會客室外的律師真心話

一般人要不要簽婚前契約？有錢人才需要簽婚前契約？其實，身為一位摩登時尚的現代人，「寧願醜話說在前，好過婚後惹人嫌」。遊戲規則先訂好，讓彼此有個心理準備，不但不傷感情，還能避免婚後不必要的紛爭。

但是，一份完美的婚前契約，縱使幫你把權益保障得滴水不漏，也不能保證你能把婚姻進行到底。還沒結婚就一直在想離婚怎麼拿錢，一手拽著婚前協議，一心想把另一半當搖錢樹，抱著這樣心態的人們，可能還沒做好結婚的心理準備。

願你想清楚了再結婚，結了婚後懂得用愛與智慧去成就一輩子的幸福快樂！

國家圖書館出版品預行編目 (CIP) 資料

誰說只是約會，你就不用懂法律？：24 則感情法律學分，教你避開陷阱，降低傷害，遠離戀愛鬼故事／無糖律師著 . -- 初版 . -- 臺北市：遠流出版事業股份有限公司 , 2023.02
面；　公分
ISBN 978-957-32-9934-9（平裝）

1.CST: 兩性關係　2.CST: 法律教育

580.3
111021085

誰說只是約會，你就不用懂法律？

24 則感情法律學分，教你避開陷阱，降低傷害，遠離戀愛鬼故事

作者／無糖律師

資深編輯／陳嬿守
美術設計／謝佳穎
行銷企劃／舒意雯
出版一部總編輯暨總監／王明雪

發行人／王榮文
出版發行／遠流出版事業股份有限公司
地址／ 104005 臺北市中山北路一段 11 號 13 樓
電話／（02）2571-0297　傳真／（02）2571-0197　郵撥／ 0189456-1
著作權顧問／蕭雄淋律師
□ 2023 年 2 月 1 日 初版一刷

定價／新臺幣 380 元（缺頁或破損的書，請寄回更換）

ISBN 978-957-32-9934-9

遠流博識網 http://www.ylib.com　E-mail: ylib@ylib.com
遠流粉絲團 https://www.facebook.com/ylibfans